Christian Pläge

Den richtigen Draht finden

Ratschläge zur Grundausbildung von Reitpferden

Christian Pläge

Den richtigen Draht finden

Ratschläge zur Grundausbildung von Reitpferden

Fotos von Bernhard Kamppeter

FACHVERLAG **F**RAUND

Alle Fotos von Bernhard Kamppeter,
außerdem Hugo Cerny (S. 25), Werner Ernst (S. 29, 76),
Beate Langels (S. 27, 100), Rik van Lent (S. 76),
Lothar Lenz (S. 59, 61, 77), Karl-Heinz Mitschke (S. 26, 27)
und Christiane Kächler-Kröck (S. 12).

Konzept und Layout: Fachverlag Fraund
Umschlaggestaltung: Fachverlag Fraund
unter Verwendung von zwei Fotos von Bernhard Kamppeter

CIP-Titelaufnahme der Deutschen Bibliothek:

Pläge, Christian:
Den richtigen Draht finden. Ratschläge zur Grundausbildung
von Reitpferden / Christian Pläge. (Fotos: Bernhard Kamppeter
u.a.) - Mainz: Fachverlag Fraund, 1995
      ISBN 3-921156-29-7

Den richtigen Draht finden
Ratschläge zur Grundausbildung von Reitpferden

Inhalt

Zum Geleit	7	
Vorwort	9	
I.	Einführung	11
II.	Pferdepsychologie	17
III.	Sitz	25
IV.	Einwirkung	31
	Treiben im Schritt	36
	Treiben im Trab	36
	Treiben im Galopp	37
	Zügelhilfen	39
	Stellen und Biegen	42
	Der seitwärtsweisende Zügel	43
	Die Parade	44
	Ausführung einiger Lektionen	46
V.	Training	59
VI.	Bewegungen des Pferdes	67
	Schritt	68
	Trab	70
	Galopp	72

VII.	Exterieur und Bewegungsabläufe	75
VIII.	Takt	81
IX.	Losgelassenheit	85
X.	Anlehnung	91
XI.	Schwung	99
XII.	Geraderichten	103
XIII.	Versammlung	111
XIV.	Schlußbemerkung	117
	Danksagung	121
	Über den Autor	123

Zum Geleit

Diese Schrift trägt ganz deutlich das Signum des Praktikers. Der darin niedergelegte Erfahrungsschatz, mit großem Fleiß und der Einbindung eigener wertvoller Lehrjahre zusammengetragen, ist für jedermann bestimmt, der dankbar jede Bereicherung eigenen Wissens entgegennimmt.

Vielleicht wird der eine oder andere dabei auf Methoden stoßen, die ihm bisher unbekannt waren. Weil sie sich aber alle auf dem Boden der klassischen Reitlehren bewegen, zeigen sie nur da oder dort einen anderen Weg zum Ziel auf, fügen sich aber mit absoluter Gesetzestreue in jene erlaubte Vielfalt ein, die durch die zurückliegenden Jahrhunderte die Klassische Reitkunst belebt hat.

Jeder, der sich mit Lust und Liebe in diesem Metier bewegt und in einer Verbesserung der Übereinstimmung mit seinem Pferd echte Genugtuung empfindet, wird aus dieser Schrift sicher Ratschläge für seine tägliche Arbeit empfangen können. Dieser Wunsch soll Sie, liebe Leserin, lieber Leser, auf Ihrem Weg begleiten.

Brigadier Kurt Albrecht

Ehemaliger Leiter der Spanischen Hofreitschule Wien

Vorwort

In den vergangenen Jahren wurde die Reiterei an sich immer mehr in Frage gestellt. Diese Diskussion ist nicht erst zu Beginn unseres Jahrzehnts entstanden, sondern in den Grundzügen schon zu Beginn der siebziger Jahre. Seitdem werden häufig Fälle von unreiterlichem Verhalten und unlauteren Methoden bis hin zur Tierquälerei zu Recht angeprangert. Der sportliche Gedanke von „höher, schneller, weiter" trägt genauso Schuld an gemeinem Verhalten gegenüber dem Pferd wie Skrupellosigkeit und Geschäftemacherei einzelner Personen. Deshalb stellt sich die Frage, ob nur Spitzenreiter Vorbilder sein können, und ob der Zweck weiterhin jedes Mittel heiligen darf.

Die Achtung vor der Kreatur Pferd, welche die Engländer mit dem wunderbaren Wort HORSEMANSHIP ausdrücken, ist seltener geworden. Aber – das Pferd ist nicht als Sportgerät, sondern wenigstens als Sportkamerad zu betrachten. Als solcher muß es respektiert und geachtet werden. Unnatürliche, unmögliche und sinnlose Leistungen dürfen ihm nie abverlangt werden.

Die Grundfrage „Darf man Pferde reiten, ausbilden und dressieren?" beantwortet sich von selbst, wenn man das Pferd von heute betrachtet. Schon seit einigen tausend Jahren ist das Pferd domestiziert. Aufgrund seiner anatomischen Beschaffenheit und seiner besonderen Interieur-Eigenschaften ist das Pferd seit dieser Zeit eines der besten und zuverlässigsten Fortbewegungsmittel, die der Mensch bis in das zwanzigste Jahrhundert hinein hatte.

Seit mehreren Jahrhunderten wird das Pferd schon gezielt als Reitpferd gezüchtet. Seit einigen Jahrzehnten wird das Pferd nur noch als Sport- und Freizeitpferd gezüchtet, da das Wirtschaftspferd aufgrund der technischen Entwicklung völlig überflüssig geworden ist. Seine Gesamtentwicklung seit der Domestizierung ergibt ein Lebewesen, das sich von allen Tieren aufgrund seines Interieurs, seiner Exterieureigenschaften sowie seiner gezielten Zucht am besten zu Sport, Freizeitgestaltung und Therapie eignet. Das robuste, harte und genügsame Pferd der Natur, welches sich nach dem Gesetz des Stärkeren fortpflanzte, ist völlig dem heutigen Zuchtziel gewichen. Das heutige Pferd ist speziell auf die Bedürfnisse der Menschen hin gezüchtet. Es ist aufgrund der Zucht schön, elegant und gutmütig, aber auch empfindlich und anspruchsvoll. Für ein Leben in freier Wildbahn wäre es völlig ungeeignet.

Betrachtet man parallel zur Entwicklung des Pferdes die Klassische Reitkunst, so stellt man fest, daß sie fast so alt ist wie das domestizierte Pferd. Schon Xenophon (circa 450 Jahre vor Christus) kannte die Vorzüge, die ein Pferd gegenüber anderen Tieren in der Dressur hat. Er kannte das Pferd nicht nur als Kriegsgerät, sondern auch als Sportkamerad, Therapeut und Erzieher der Jugend. Darüber hinaus waren ihm bereits zu diesem Zeitpunkt die Lektionen der Hohen Schule bekannt. Schon ihm war bewußt, daß man nur etwas ausbilden und kultivieren kann, was das Pferd auch in der Natur zu zeigen bereit ist.

Diese Tradition der Klassischen Reitkunst, die so alt ist wie das Reitpferd, hat im Lauf der Jahrtausende, wie alles im Leben, gute und schlechte Impulse erhalten. Immer aber haben sich große Meister Gedanken gemacht, wie man das Reiten und die Ausbildung von Pferden zweckmäßig und zeitgemäß gestaltet. Für Pferd und Reiter entstanden hierdurch permanent Verbesserungen. Das beste Beispiel ist der italienische Rittmeister Frederico Caprilli († 1907), der den leichten Sitz im Springen einführte, der zu erheblichen Erleichterungen für das Pferd führte. In der Dressur haben berühmte Institutionen wie die Spanische Hofreitschule in Wien die Lehren der alten Meister (hier insbesondere von de la Guérinière) übernommen und vervollkommnet. Bis in die heutige Zeit hinein werden dort immer nur dann Methoden und Techniken der Ausbildung in die Lehre übernommen, wenn sie nachhaltig eine Verbesserung in der Ausbildung des Pferdes bewiesen haben.

Auch in unserer Zeit muß daran gearbeitet werden, daß in der Klassischen Reitkunst die falschen Impulse wieder verschwinden. Nur so ist die Klassische Reitkunst als Tradition, Kunst, Erziehung und Therapie und die Freude am Pferd zu erhalten. Will man nun eine mehrtausendjährige Tradition und eine Vielzahl von Sport- und Freizeitpferden nicht einfach ins Museum oder in den Zoo abschieben, muß man sich als Reiter pferdegerecht verhalten. Dieses Buch will zeigen, daß Horsemanship und Ausbildung von Pferden zusammengehören. Es will den Reitern und Ausbildern einige praktische Erfahrungen und Grundgedanken vermitteln. Es ist keine neue Reitlehre, sondern will ergänzend zu der bestehenden Reitauffassung zum Nachdenken anregen.

Christian Pläge
Autor

I. Einführung

Früher bestimmte das Pferd den Arbeitsalltag der meisten Menschen mit.

Dieses Buch richtet sich an alle Reiter und Ausbilder. Es behandelt die Grundausbildung von Pferden und will einige Grundgedanken herausstellen, um die bestehenden Reitlehren zu ergänzen. Es soll aber auch persönliche Erfahrungen weitergeben. Diese persönlichen Erfahrungen sind sicherlich subjektiv, basieren aber auf der Arbeit mit vielen Pferden in allen Sparten der Reiterei. Insbesondere ist dieses Buch aber zum besseren Verständnis des Pferdes geschrieben, da die früher alltägliche Beziehung der Menschen zum Pferd durch die fortschreitende technische Entwicklung fast gar nicht mehr existiert.

Zu einer Zeit, als das Pferd noch „Transportmittel Nr. 1" war, war den Ausbildern von Pferden, den Reitern und Fahrern, noch viel deutlicher bewußt, was es heißt, von einem Pferd abhängig zu sein. Wichtig war und ist es, ein Pferd sinnvoll zu erziehen, auszubilden und zu trainieren, es maßvoll einzusetzen, sowie auf größtmögliche Schonung und Gesunderhaltung zu achten, so daß man ein Pferd nach seiner Ausbildung möglichst lange und zuverlässig einsetzen kann.

Für alle Disziplinen des Reitens gibt es prinzipielle Grundlagen, die immer gleichgeblieben sind. Dies sind die Pferdepsychologie und die Anwendung physikalischer Gesetze. Somit kann dieses Buch keine grundsätzlich neuen Erkenntnisse bringen,

Die Ausbildung des Pferdes beruht auf natürlichen Gesetzen

Die Psyche des Pferdes

Sie ist die Grundlage jeder Erziehung und Ausbildung. Ihr Verständnis erfordert Wissen, aber auch viel Erfahrung im Umgang mit Pferden.

Die Anatomie

Sie ist leicht erfaßbar, da Pferde anatomisch gleich aufgebaut sind, es gibt jedoch von Pferd zu Pferd geringe individuelle Abweichungen, die aber auf den Bewegungsablauf großen Einfluß haben.

Die Physik

Sie ist logisch und steht fest. Die Mechanik und die Hebelgesetze sind unveränderbar.

Die Bewegungslehre

Sie resultiert aus der Mechanik. Aber jedes Pferd hat seinen individuellen Bewegungsablauf. Verschiedene Rassen zeigen besondere Eigenschaften der Bewegung.

möchte das Bestehende jedoch auf neue Art vom Standpunkt des Praktikers aus verdeutlichen. Schon immer ist die Ausbildung von Pferden Reitern vorbehalten gewesen, die mit dem Wissen auch ein hohes Maß an Gefühl und Einwirkungsvermögen verknüpften. Solche Reiter kann man mit Fug und Recht als Künstler bezeichnen. Man muß dafür gar nicht in der Lage sein, ein Pferd bis zur höchsten Klasse auszubilden. Der Maßstab für die Kunst ist vielmehr der Grad der Harmonie zwischen Reiter und Pferd, ganz gleich auf welcher Ebene.

Oberstes Gebot ist immer: Psychische und physische Schäden am Pferd müssen vermieden werden. Innere Ruhe und Geduld des Reiters, das Wissen um die korrekte Ausbildung, Abwechslung statt Verfolgung eines starren Schemas, sowie der richtige gymnastische Aufbau sind die Grundlagen einer sinnvollen Ausbildung von Pferden. Nimmt dann das Pferd an Kraft und Schönheit zu, war die Ausbildung richtig. Wird aber das Pferd unschön und scheinbar alt, so war die Ausbildung falsch. Ein Grundsatz hat von jeher große Bedeutung und gilt auch heute noch: „Reite dein Pferd vorwärts und richte es gerade". Die Ruhe des Reiters sollte immer über allem liegen.

Der Reiter und Ausbilder muß die natürlichen Gesetze der Ausbildung *(siehe Kasten links unten)* immer berücksichtigen. Baut man seine Arbeit mit dem Pferd auf diesen Grundlagen auf, erkennt man bald, daß man nur Bewegungen und Verhaltensweisen des Pferdes weiter ausbilden darf, die in der Natur vorkommen. Abweichungen führen auf Irrwege. Daraus resultiert, daß es nur eine der Natur des Pferdes angepaßte Ausbildungsmethode gibt. Dabei sind verschiedene Techniken möglich. Diese natürliche Ausbildungsmethode stimmt immer, es sei denn, man will sich über die natürlichen Möglichkeiten des Pferdes hinwegsetzen.

Britta Pläge und Heuriger zählten zu den erfolgreichsten Dressurpaaren Deutschlands: Höhepunkt ihrer Karriere war der Sieg beim Deutschen Dressurderby in Hamburg.

Daraus resultiert, daß Ausbildung nur richtig oder falsch sein kann, wenn auch die Technik unterschiedlich sein kann. Auch erkennt man bald, daß die natürlichen Gesetze der Ausbildung für alle Sparten gleich sind, wenn auch für höhere Klassen eine Spezialisierung notwendig ist. Die dressurmäßige Grundausbildung ist eine allgemein anerkannte Arbeit mit dem Pferd, die auf den natürlichen Gesetzen beruht.

Erziehung, Gymnastik, Ausbildung, Training

Die dressurmäßige Grundausbildung ist die Grundlage jeglicher Arbeit mit dem Pferd und Voraussetzung für eine Spezialisierung in Dressur, Springen oder Vielseitigkeit. Um den Zusammenhang zwischen Grundausbildung und Spezialisierung zu sehen, vergleicht man ein Dressurpferd mit einem Ballettänzer, der in der Lage ist, seine Bewegungen tänzerisch, fast spielerisch erscheinen zu lassen und den Eindruck völliger Leichtigkeit zu erwecken. Ein Springpferd ist vergleichbar mit einem Athleten, der die Kraft seines Körpers in Höchstleistungen umsetzen kann. Ein Vielseitigkeitspferd könnte man mit einem Mehrkämpfer vergleichen, der in keiner Disziplin absolute Höchstleistungen erreicht, aber den hohen Ansprüchen des Wechsels der Disziplinen gewachsen sein muß. Alle Pferde erreichen diese Ziele ausgehend von einer Grundausbildung, nämlich **Erziehung, Gymnastik, Ausbildung und Training.**

Der Ausbilder muß grundsätzlich wie folgt vorgehen:

- vom Leichten zum Schweren, vom Langsamen zum Schnellen
- von leichter zu starker Biegung
- von leichter zu starker Beugung der Gelenke
- von leichter zu starker Belastung

Das bezieht sich sowohl auf die gesamte Ausbildung wie auch auf den einzelnen Ausbildungstag. Bei der täglichen Arbeit muß man auch darauf achten, daß man Prioritäten setzt: Der Gehorsam und die Rangordnung zugunsten des Reiters sind immer wichtiger als die Ausbildung des Pferdes. Ausbildung ist immer der erste Schritt, bevor man anfängt durch Training der Perfektion näher zu kommen. Erst wenn das Pferd eine Übung oder Lektion verstanden hat, kann der Ausbilder anfangen, diese Übung oder Lektion auszuformen.

Dieses Buch will auch verdeutlichen, welche Schwierigkeiten bei der Ausbildung des Pferdes auftreten können. Vom Charakter her ist ein Pferd immer gutmütig und willig, aber es gibt viele Gründe, warum ein Pferd die ihm gestellten Aufgaben nicht erfüllen kann.

Für eine sinnvolle Ausbildung muß man nicht nur wissen, wie man ausbildet, sondern man muß außerdem noch wissen, wodurch die Ausbildung des Pferdes behindert oder verhindert werden kann. Man muß also das Pferd, seine Schwierigkeiten, Eigenheiten,

Schwächen und Stärken verstehen wollen und können. Das bessere Verständnis für das Pferd wird dazu führen, die Anforderungen an das Pferd so anzupassen, daß an der Substanz des Pferdes physisch und psychisch kein Raubbau betrieben wird. Innere Ruhe und Sicherheit sollen das Pferd kennzeichnen. Die Ausbildung soll ja gerade die Substanz erhalten und aufbauen. Merkt man, daß die Ausbildung aufgrund zu großer Schwächen des Pferdes zu keinem sinnvollen Ergebnis führt, muß man auch bereit sein, die Ausbildung nicht fortzusetzen.

Eine Ausbildungszeit darf man nie zeitlich festlegen wollen. Statt der Verfolgung eines Zeitplans kommt es darauf an, das Reitergefühl so zu entwickeln, daß man den eigenen Plan immer der Entwicklungsfähigkeit des Pferdes anpaßt. Der denkende Reiter weiß selbst, wie schwer es ist, bestimmte Bewegungsabläufe zu erlernen, und kann daher abschätzen, wie schwer es für ein Pferd sein muß, bestimmte Bewegungen im Gehorsam auszuführen.

Schwierigkeiten bei der Ausbildung des Pferdes

Vom Charakter her ist ein Pferd immer gutmütig und willig, aber es gibt viele Gründe, warum ein Pferd die ihm gestellten Aufgaben nicht erfüllen kann:

- die individuelle Psyche
- das Wachstum
- die Zähne, der Zahnwechsel
- ein zu empfindliches Maul
- innere Steifheit
- körperliche Verspannungen
- temperamentsbedingte Verspannungen
- temperamentsbedingt fehlende Spannnung
- ein schwacher Rücken
- mangelnde Kondition

Motivation ist eines der vornehmsten Ziele

Je mehr der Reiter sich in die Bewegung und Psyche des Pferdes hineindenkt, und je feiner er dann einwirkt, um so mehr Gehorsam wird er erreichen. Sein Pferd zu motivieren, und ihm zu helfen, die Schwächen auszugleichen, ist in der Ausbildung eines der vornehmsten Ziele. Die Arbeit mit dem Pferd soll immer im Ganzen verbessern, also gleichzeitig erziehen, ausbilden und trainieren, wobei man unmittelbar Schwerpunkte setzen, aber nicht einseitig arbeiten darf.

Der Grundausbildungsweg ist in der „Skala der Ausbildung des Pferdes" sinnvoll festgelegt. Sie schließt alle Aspekte der Ausbildung des Pferdes von der Erziehung bis hin zur optimalen Ausführung von Lektionen ein. Aus der „Skala der Ausbildung" ergeben sich bestimmte Techniken, die festlegen, wie sich ein Pferd unter dem Gewicht des Reiters bewegen muß, damit die Harmonie zwischen Reiter und Pferd ein möglichst großes Maß erreicht und der Verschleiß möglichst gering bleibt. Manchmal ist es notwendig, ein Pferd auch unter Druck in eine Haltung und in ein Gangmaß zu bringen, in dem man mit ihm anschließend arbeiten kann.

Aus der Trainingslehre, die ergänzend zur Ausbildung des Pferdes gesehen werden muß, weiß man, daß zusätzlich zu Talent und Ausbildung auch eine Verfeinerung der

Die Skala der Ausbildung

- Takt
- Losgelassenheit
- Anlehnung
- Schwung
- Geraderichtung
- Durchlässigkeit
- Versammlung und Aufrichtung

Technik notwendig ist, um herausragende Leistungen zu vollbringen. Der Weg zur Losgelassenheit wird ebenso angesprochen wie der Takt. Grundlage jeder Ausbildung ist eine Verbindung zwischen technischen Bewegungsabläufen und angewandter Pferdepsychologie. Anlehnung ist die Beschreibung einer technisch richtigen Haltung von Kopf und Hals unter Berücksichtigung der psychischen und exterieurbedingten Eigenheiten des Pferdes. Schwung bedeutet den Beginn der Entwicklung des technisch richtigen Ganges unter Berücksichtigung des Exterieurs des Pferdes. Das Geraderichten beschreibt den Beginn und die Entwicklung des verfeinerten Balancierens des Pferdes unter dem Reiter. Versammlung schließlich ist die Perfektionierung der Körperbeherrschung des Pferdes unter dem Reiter. Die „Skala der Ausbildung des Pferdes" zeigt auch Übungen und Lektionen, mit denen man die Teilziele der Skala und die praktische Verbindung der Ziele erreichen kann.

Darüber hinaus möchte das Buch auch noch viel mehr als üblich zeigen, warum man jeden einzelnen Schritt in der Ausbildung des Pferdes geht und manchmal gehen muß. Das Buch endet mit der Grundausbildung des Pferdes, wenngleich der Übergang zwischen Grundausbildung und Spezialisierung eines Pferdes nie exakt zu bestimmen ist.

Die folgenden Kapitel wollen zeigen, wie ein sorgfältiger Aufbau der Grundausbildung aussieht. Dies bezieht sich auf die gesamte Ausbildung, aber auch auf den einzelnen Ausbildungstag. Ähnlich wie in der Mathematik, wo das „Große Einmaleins" nur funktioniert, wenn man das „Kleine Einmaleins" sicher beherrscht, ist es auch in der Pferdeausbildung. Macht man im „Großen Einmaleins" Fehler, liegt das bestimmt daran, daß man das „Kleine Einmaleins" nicht sicher beherrscht.

So sind die Ursachen der Fehler in der fortgeschrittenen Ausbildung immer Schwächen, die schon während der Grundausbildung vorhanden waren, dort aber übergangen oder nicht erkannt wurden. Will man den Fehler nun korrigieren, so muß man immer einen entsprechend weiten Schritt zurück machen, um „das Übel an seiner Wurzel zu packen". Die Sorgfalt, mit der man die Grundausbildung betreibt, indem man jede einzelne Stufe sicher erreicht und überprüft, führt dazu, daß Fehler frühzeitig erkannt und abgestellt werden können.

Betrachtet man den Inhalt jedes einzelnen der folgenden Kapitel wie eine Folie und legt dann in Gedanken die Folien übereinander, kann man eine Vorstellung davon bekommen, wie sehr die einzelnen Themen (Folien) miteinander verknüpft sind. Sucht man nun die Ursachen für ein spezielles Problem, ist man oft gezwungen, auf mehreren Ebenen (Folien) zu suchen. Trotz aller Ausbildung, und sei sie noch so sorgfältig erfolgt, hat das Pferd als Lebewesen das individuelle Recht, anders zu reagieren als man es von ihm erwartet. In diesen Momenten zeigt sich das wahre Gesicht des Reiters.

II. Pferdepsychologie

Das Wissen um das Wesen des Pferdes ist eine wichtige Voraussetzung für das Ausbilden von Pferden. Zu selten beachtet werden die Interieureigenschaften des Pferdes, die für die Ausbildung wichtiger sind als Bewegung und Exterieur. Nur wer bei der gesamten Arbeit mit dem Pferd auch psychologisch richtig mit ihm umgeht, kann sein Pferd sinnvoll ausbilden und sogar erwarten, daß der Kamerad Pferd bereit ist, für seinen Reiter da zu sein und sogar den einen oder anderen Fehler auszugleichen. Es gibt mehr Pferde, die durch psychologisch falsche Behandlung frühzeitig verschleißen oder unbrauchbar werden als durch körperliche Schäden. Deshalb sollen einige für den Reiter wichtige Begriffe aus der Pferdepsychologie erklärt werden.

Das Pferd ist von Haus aus ein Fluchttier. Dies bezieht sich auf das Verhalten des Pferdes gegenüber seiner Umwelt. Bei plötzlich auftretenden Geräuschen oder unbekannten optischen Reizen wird es seinem Instinkt folgen und zunächst weglaufen. Aus der Entfernung zeigt es dann immer Neugier, eine für Pferde sehr typische Eigenschaft. Sieht der optische Reiz nicht weiter gefährlich aus, nähert sich ein Pferd zumeist dem Gegenstand wieder, bleibt aber ständig in Fluchtbereitschaft. Nur wenn das Pferd angegriffen wird und ihm die Möglichkeit zur Flucht genommen ist, wird es sich verteidigen, bis es eine Fluchtmöglichkeit sieht und diese nutzt.

Pferde sind Herdentiere. In der Natur leben sie in größeren Herden, in denen es klare Gesetzmäßigkeiten gibt. Das bezieht sich auf die Aufgaben des einzelnen Individuums genauso wie auf die eindeutige Rangordnung untereinander.

Für die Ausbildung von Pferden ist nun die Stellung des Ausbilders zu seinem Pferd von großer Bedeutung. Der Ausbilder ist kein außenstehender Fremder oder gar Feind, sondern grundsätzlich in das Ranggefüge der Pferde einzuordnen. Die Position des Ausbilders bestimmt grundsätzlich den Erfolg seiner Ausbildung, aus ihr resultiert das Vertrauen des Pferdes in den Ausbilder. Der Ausbilder muß immer dafür sorgen, daß er der Ranghöhere und das Pferd der Rangniedere bleibt. Ein Pferd ist immer in der Lage, verschiedene Menschen oder Pferde auf Anhieb richtig einzuordnen. Die Rangordnung wird bei Pferden immer durch das Gesetz des Stärkeren bestimmt. Jedes Individuum wird versuchen, die Rangordnung anderen gegenüber zu seinen Gunsten zu verändern. Dieses bedeutet für den Ausbilder, nicht physische Stärke zu demonstrieren, sondern durch geschicktes Verhalten, aber auch durch Lob und Strafe, seine Ausbilderposition über der des Pferdes zu erhalten. Ein konsequentes Verhalten ist Voraussetzung für das Vertrauen

Pferde sind Herdentiere mit festgefügter Rangordnung. Auch der Mensch, der mit dem Pferd umgeht, es pflegt oder ausbildet, muß sich in diese Rangordnung einfügen.

des Pferdes zu seinem Ausbilder. Diese Konsequenz muß von Anfang an bestehen, damit das Pferd sich an ein richtiges Verhalten gewöhnen kann. Nur aus dieser Art Vertrauen heraus wird das Pferd dem Reiter folgen, und die ihm gestellten Aufgaben lösen.

Der Reiter muß dem Pferd psychisch gewachsen sein

Entscheidend ist die Fähigkeit des Ausbilders, verantwortungsvoll abzuschätzen, wie hoch er die Anforderungen an sein Pferd stellen kann, ohne es zu überfordern. Noch weniger darf er es vor Aufgaben stellen, denen das Pferd aufgrund seiner Reife, seines Ausbildungsstandes oder Talents nicht gewachsen sein kann. Dies bedeutet auch, daß Unsicherheiten des Ausbilders und Reiters nicht dazu taugen, Pferde zu erziehen, auszubilden oder gar zu korrigieren. Ein Reiter muß wissen, ob er seinem Pferd überhaupt psychisch gewachsen ist. Er muß sich seinen Rang erwerben und diesen behaupten. Bei den Pferden gibt es diesbezüglich enorme Unterschiede in der psychischen Stärke und damit im Rang, den sie in einer Herde einnehmen würden.

Eine der äußerst schwierigen Aufgaben des Ausbilders ist es, die psychischen Stärken des Pferdes zu ermitteln. Psychisch starke Pferde sind Persönlichkeiten. Beim Beobachten einer Herde sind diese Pferde immer vorne zu finden. Wie es in diesen Herden nur ein Pferd an der Spitze gibt, so ist es auch im Spitzensport: Nur wenige sind hervorragend geeignet, die anderen sind Mitläufer.

Und diesen wenigen kann auf dem langen Weg zum Spitzensport noch sehr viel dazwischenkommen. Sie stehen auf verhältnismäßig hohem Niveau, ihr Eigensinn und Selbstvertrauen ist höher als bei anderen Pferden. Sie leisten allgemein zunächst größeren Widerstand als schwächere Pferde. Hat man diesen Widerstand überwunden, sind starke Pferde allerdings zu Höchstleistungen in der Lage, ohne ihren Ausdruck an Persönlichkeit zu verlieren.

Alle großen Pferde des Spitzensports sind individuelle Persönlichkeiten. Bei solchen Pferden kann der Ausbilder Motivation und sogar Selbstmotivation erreichen. Volles Vertrauen, sowie volle Entwicklung der psychischen Stärke sind dazu absolut notwendig. Daraus kann man schließen, wie sicher und erfahren ein Ausbilder von Spitzenpferden sein muß. Er muß aber auch in der Lage sein, psychische Schwächen zu berücksichtigen, gegebenenfalls muß er sich auch eingestehen, daß die Weiterarbeit nicht lohnt oder zu Schäden führen kann. Der Ausbilder muß wissen, wie er Stärken so nutzt, daß Schwächen möglichst nicht zum Tragen kommen.

Lob und Strafe

Man darf nie strafen, wenn

- das Pferd Angst hat,
- das Pferd scheut,
- das Pferd etwas nicht kennt,
- das Pferd neue Lektionen lernt.

Ein längerer Zeitraum ist nötig, um spezielle Stärken und Schwächen der Psyche des Pferdes zu ermitteln. Darunter versteht man Charakter, Temperament, Beweglichkeit, Konzentrationsfähigkeit, Intelligenz, Erinnerungsvermögen, Leistungsbereitschaft sowie die Fähigkeit, sich psychisch und physisch anzuspannen und schnell wieder zu entspannen. Man kann die psychischen Stärken und Schwächen erst feststellen, wenn man die psychischen Widerstände genau einschätzen kann. Dazu ist es manchmal nötig den Punkt herauszuarbeiten, an dem ein Pferd Widerstand leistet.

An dieser Stelle muß nun grundsätzlich einiges über Lob und Strafe gesagt werden. Dabei muß das Lob in der Ausbildung immer an erster Stelle stehen. Aber auch das Strafen ist nicht immer zu umgehen. Der erfahrene Ausbilder weiß, wann Lob und Strafe angebracht sind. Nie darf man im Zorn, aus Rache oder zur Demütigung des Pferdes strafen. Die Strafe soll die Grundordnung wiederherstellen, aber der Sieger darf nicht zum Feind werden. „Brechen" eines Pferdes ist verwerflich, da man Willen und Persönlichkeit des Pferdes zerstört. Ist eine Strafe angebracht, muß der Ausbilder sich über viele Dinge Gedanken machen: Er muß ein Gefühl dafür haben, zwischen Widersetzlichkeit und Schwäche zu unterscheiden. So kann Faulheit oft ein Zeichen von Schwäche sein. Ein übernervös erscheinendes Pferd ist oft nur inkonsequent geritten und hat so einen Weg gefunden, sich einen Freiraum zu erhalten oder sich einer bestimmten Arbeit zu entziehen.

Ist Strafe angebracht, muß die Härte der Strafe immer angemessen sein. Strafe hat nur Sinn, wenn sie unmittelbar erfolgt. Dann aber mit dem nötigen Nachdruck. Die Strafe ist angepaßt, wenn sie auch dem Charakter und Temperament des Pferdes entspricht. Eine

Am Ausdruck der Augen läßt sich viel über Charakter und Befindlichkeit des Pferdes ablesen.

Strafe muß immer gerecht sein. Besonders Pferde haben ein untrügliches Gefühl dafür, ob sie zu Recht bestraft wurden oder nicht. Strafe hat nur selten etwas mit Schlagen zu tun.

Ganz falsch ist es, wenn unsichere Reiter manchmal zu gering strafen oder sich gar nicht durchsetzen, da sie die Reaktion des Pferdes fürchten, sie aber aus Rache dann ihr Pferd strafen, wenn es sich nicht wehren kann. Dies ist sinnlos und im höchsten Maße niederträchtig. Lob muß immer erfolgen, wenn ein Pferd eine Widersetzlichkeit aufgibt, wenn es etwas richtig macht oder nur besser als vorher gemacht hat. Nur hieraus kann sich Motivation des Pferdes ergeben, die wichtigste Voraussetzung für Höchstleistung. Ein Loben im voraus ist sinnlos, da ein Pferd nicht intelligent genug ist, um dies anschließend durch bessere Leistung zu quittieren. Ein solches Verhaltensmuster trifft auf kein Tier zu. Tiere bemerken nur, ob jemand im Umgang mit ihnen gut ist oder nicht.

Den Unterschied zwischen Lob und Strafe kann man mit den Begriffen „angenehm machen" und „unangenehm machen" erklären. Dies begründet sich damit, daß dem Pferd nichts unmittelbar erklärt werden kann. Die Lernfähigkeit des Pferdes besteht aus gutem Erinnerungsvermögen und der Gewöhnung an bestimmte Abläufe. Man ist als Ausbilder auf die Reaktionen des Pferdes angewiesen. Diese „herauszukitzeln" ist die Kunst des Ausbildens von Pferden. Gelingt das, macht man dem Pferd diesen Moment angenehm, man lobt es.

Gelingt es nicht, so geht man so lange nach Versuch und Irrtum vor, bis das Pferd die gewünschte Reaktion zeigt. Intelligenz und Lernfähigkeit bestimmen den Lernprozeß. Der Versuch, zu der richtigen Reaktion zu gelangen, wird durch Hilfen bestimmt, die der Ausbilder aufgrund seiner Erfahrung anwendet. Diese Hilfen sind dann, was die Psyche des Pferdes angeht, am besten gegeben, wenn sie im richtigen

Die Möglichkeiten der Strafe

- eine Unart des Pferdes unmöglich machen
- eine Widersetzlichkeit im Keim ersticken
- eine Übung verlangen, die dem Pferd zwar bekannt, aber unangenehm ist
- eine Lektion reiten, die das Pferd vom Widerstand ablenkt, und es zudem noch an die Hilfen stellt

Moment und an der richtigen Stelle erfolgen, um bestimmte Reflexe des Pferdes zu nutzen. Diese Phase ist die schwierigste in der Ausbildung. Nur durch Geduld kann sie überwunden werden. Hierbei gibt der Reiter Hilfen, die dem Pferd so angepaßt sind, daß ein „Unangenehm-Machen" dazu führt, dem Pferd zu helfen, nach der richtigen Reaktion zu suchen. Erst dann kann man von Hilfen sprechen.

Das „Unangenehm-Machen" bedeutet je nach Temperament und Sensibilität des Pferdes oft nur einen verstärkten Druck von Kreuz oder Schenkeln oder auch eine Reaktion der Hand, damit das Pferd weiß, daß die derzeitige Situation noch nicht die gewünschte Form hat. Dies Suchen nach der richtigen Reaktion muß dem Pferd schon von Anfang an mit kleinen Schritten beigebracht werden. Nur so kann man davon ausgehen, daß ein Pferd das Gelernte auch verstanden hat. Oft sieht man gerade in Dressurprüfungen, daß einige Pferde nur durch starken Druck ihrer Reiter durch eine Dressurprüfung „geschoben" werden. Hier wird deutlich, daß diese Pferde die Aufgabe im Grunde noch gar nicht beherrschen. Dabei ist es das schönste Ziel, daß das Pferd insbesondere in einer Prüfung den Eindruck von Leichtigkeit und Freiwilligkeit macht.

Ein sehr häufiges Thema ist das Scheuen, sei es vor einem Hindernis oder irgendeinem Gegenstand, Licht oder Laut, den das Pferd wahrnimmt. Der äußere Einfluß ist dann oft so stark, daß der Reiter zunächst die Kontrolle über sein Pferd verliert. Die folgende Strafe wird oft übertrieben, oder das Pferd wird durch ängstliches und vermeintlich beruhigendes Loben des Reiters noch weniger von der Gefahrlosigkeit der Sache überzeugt. Der nachhaltige Druck („Unangenehm-Machen"), sowie Konsequenz in der Hilfengebung sind erforderlich, um den Gehorsam und das Vertrauen wiederherzustellen. Das „Angenehm-Machen" erfolgt unmittelbar nach dem Einlenken des Pferdes. Das Abschätzen des Ausbilders, wo der Widerstand beginnt und wo er endet, ist hierbei ganz besonders wichtig. Der erste Moment ist immer der allerwichtigste für die Einwirkung des Reiters. Eine starke, aber ruhige Einwirkung erklärt dem Pferd, daß es auch hier Vertrauen zu dem Reiter haben kann. Allerdings ist dazu manchmal ein langer Zeitraum der Verständigung notwendig.

Das Spiel der Ohren ist ein wichtiges Kommunikationsmittel unter Pferden. Auch der Mensch kann sich an diesen „Signalen" orientieren.

Das Ohrenspiel gibt dem Reiter wichtige Hinweise

Die äußeren Anzeichen beim Pferd spielen dabei eine große Rolle. Nach vorne gespitzte Ohren des Pferdes verraten immer Aufmerksamkeit auf eine bestimmte Sache oder ein bestimmtes Geräusch. Sind die Ohren zur Seite oder leicht nach hinten gestellt, verrät dies Aufmerksamkeit gegenüber dem Reiter. Ganz nach hinten angelegte Ohren sind ein Zeichen von aggressivem Verhalten, und dies muß bestraft werden. Den ersten Moment von Unaufmerksamkeit sollte der Reiter deshalb erkennen, um vor der folgenden Reaktion noch einwirken zu können. Die Erfahrung des Ausbilders und seine Routine, sich fast permanent auf ein Pferd konzentrieren zu können, sind die Voraussetzung für Korrektur und Ausbildung von Pferden.Der Ausbilder muß auch dem Temperament und der Sensibilität seines Pferdes gerecht werden.

Das Temperament des Pferdes spielt immer eine wichtige Rolle in der Ausbildung. Von sehr phlegmatischen Pferden bis hin zu Pferden mit enormem Bewegungsdrang und Spieltrieb reicht die vielfarbige Palette.

Die Empfindlichkeit des Pferdes steht nicht immer im Zusammenhang mit seinem Temperament. Das richtige Abstimmen der Hilfen ist hier deshalb besonders wichtig. Das bedeutet, immer dafür zu sorgen, daß das Pferd auf jede Hilfe zumindest in irgendeiner Form reagiert. Lernt es schnell, wird es auch schon früh richtig reagieren. Diese Hilfen sollen jedoch nie zu Überreaktionen führen. Keine Reaktion zu erhalten - das muß deutlich und mit Nachdruck korrigiert werden.

Unabhängig von der körperlichen Empfindlichkeit des Pferdes sind bei seinem Temperament andere Punkte zu beachten. Die ganze tägliche Arbeit, die Dauer, die Intensität, die Härte oder die Schonung des Pferdes hängen vom Temperament ab. In der Ausbildung erkennt man schnell das Verhalten des Pferdes, das durch sein Temperament bestimmt wird. Die Ursachen für Schwierigkeiten können aber oft anders liegen, als man zunächst vermuten würde. Ein phlegmatisch erscheinendes Pferd ist oft nur zu schwach, um entsprechende Leistungen zu bringen. Pferde mit scheinbar überschäumendem Temperament sind oft nur durch falsches und ruheloses Reiten nervös, was nicht gleichzusetzen ist mit viel Temperament. Während Pferde mit viel Temperament relativ leicht zu arbeiten sind, sind Pferde mit weniger Temperament nur durch vorsichtiges Aufbauen zu entsprechender Leistungsfähigkeit zu bringen.

Ein Arbeiten mit kurzen intensiven Intervallen ist hier besser als irgendeine Dauermethode, die das Pferd nur stumpf macht. Im Zusammenhang mit viel Temperament haben Pferde einen ausgeprägten Bewegungsdrang, eine natürliche Ausdauer, oft einen ausgeprägten Spieltrieb, immer aber eine natürliche innere Ruhe. Nicht zuletzt ist diese Art Temperament ein Zeichen für ein körperlich gesundes Pferd. Aus dieser Sicht ist es wichtig, sich auch um den Pferdekörper zu kümmern, der oft Mängel oder Krankheiten aufweist, die man nicht gleich erkennt.

Die Konzentrationsfähigkeit ist eine weitere Gabe des Pferdes, die es richtig einzuschätzen gilt. Schraubt man die Belastung zu oft zu hoch, läuft man Gefahr, daß das Pferd psychisch verschleißt und unbrauchbar wird. Der Ausbilder muß sich darüber im klaren sein, daß er sein Pferd nicht zu einseitig arbeiten darf, denn das erhöht die beschriebene Gefahr. Er muß verschiedene Möglichkeiten der Ausbildung kennen und anwenden.

Das Pferd hat dann die jeweilige Ausbildungsstufe erreicht, wenn es diese auch unter fremden äußeren Einwirkungen demonstrieren kann, ohne seine Konzentration auf die Reiterhilfe und die Aufgabe zu verlieren. Konzentration in diesem Sinne nennt man die Aufmerksamkeit des Pferdes. Dies ist eine wichtige Voraussetzung für eine sich später in der Versammlung ergebende Selbsthaltung und die Fähigkeit, sich selbst zu tragen. Denn die inneren Fähigkeiten sind entscheidend für das Maß der körperlichen Fähigkeiten des Pferdes.

Der Charakter des Pferdes ist deutlich von seinem Temperament und den anderen psychischen Fähigkeiten zu trennen. Die wesentlichen Charaktereigenschaften sind Gutmütigkeit, Willensstärke, Mut, Treue, Ehrlichkeit, Bereitschaft zur Leistung sowie die vielen Nuancierungen zwischen diesen und den genau entgegenliegenden Eigenschaften. Wirklich ernsthafte Charakterfehler sind oft nur von guten Reitern in den Griff zu bekommen, können aber nur sehr selten grundlegend korrigiert werden. Hier muß sich der Reiter darüber im klaren sein, daß er immer in der Lage sein muß, das jeweilige Pferd zu beherrschen.

Das Erinnerungsvermögen des Pferdes gibt dem Reiter schließlich die Möglichkeit, ein Pferd überhaupt ausbilden zu können. Wie man aus der Pädagogik weiß, bleiben besonders Dinge, die man selber macht oder selber empfindet, am nachhaltigsten in Erinnerung. Deshalb vergißt ein Pferd das einmal Gelernte nie. Das bezieht sich auf alles Gelernte, sei es nun richtig oder falsch. Jeder Ausbilder weiß, wie schwer die reguläre Ausbildung sein kann und weiß auch, um wieviel schwerer eine Korrektur in der Regel ist. Das Erinnerungsvermögen, besonders in bezug auf schlechte Erfahrungen, ist sehr ausgeprägt und reicht oft ein Pferdeleben lang. Daher sind ungerechte Strafen, zufällige Ereignisse, ungewollte Fehler des Menschen häufig die Ursachen, die zu Reaktionen des Pferdes führen, die der Reiter nicht deuten und infolge dessen oft auch nicht korrigieren kann. Je mehr der Reiter über sein Pferd weiß, desto besser für die Ausbildung.

Pferdepsychologie ist natürlich viel komplexer als in diesem Kapitel dargestellt. Hier soll sie sich aber bewußt auf Begriffe beschränken, die beim Reiten eine unmittelbar notwendige Rolle spielen.

III. Der Sitz

Das Pferd ist etwas eng im Hals, sonst mit genügend untergesetztem Hinterbein. Der Reiter dürfte etwas tiefer sitzen und sollte das Pferd mehr vorlassen.

Der Sitz des Reiters ist eine der wichtigsten Voraussetzungen für das sinnvolle Ausbilden und die sinnvolle Arbeit mit Pferden. Nur wer richtig sitzt, hat auch Einfluß auf sein Pferd. Die einzelnen Merkmale des Sitzes in bezug auf die Haltung sind bekannt und werden hier nicht wiederholt. Thema soll die Zweckmäßigkeit des Sitzes sein. Die Wirkung des Sitzes wird im Kapitel *Einwirkung* behandelt. Der zweckmäßige Sitz hat auch nichts mit einem scheinbar schönen Sitz zu tun. Der schöne Sitz ist nämlich von den Proportionen des jeweiligen Reiters abhängig und nicht von jedem Reiter erfüllbar.

Der zweckmäßige Sitz ist jedoch von den meisten Reitern zu erreichen. Zweckmäßig bedeutet in erster Linie die Fähigkeit des Reiters, sich mit seinem Sitz dem jeweiligen Pferd anzupassen, ohne zu stören. Diese Fähigkeit des Reiters muß im Idealfall erreicht sein, bevor er beginnt, sich über die Ausbildung eines Pferdes Gedanken zu machen. Sich jeder Situation anzupassen, ist die Voraussetzung dafür, ein Pferd auch sinnvoll umformen zu können. Ist ein Reiter dazu nicht in der Lage, hat er auch wenig Neigung,

Der Sitz müßte besonders im Bein deutlich gestreckter sein. Das Knie muß tiefer sein, Schulter – Hüfte – Absatz sollten eine senkrechte Linie bilden.

sich auf das Pferd einzustellen. Er erwartet, daß sich das Pferd anpaßt. Es gibt sogar Pferde, die das tun. Die meisten Pferde allerdings werden auf diese Weise vor fast unlösbare Aufgaben gestellt, da sie nicht wissen, was der Reiter von ihnen erwartet. Da Pferde nicht in unserem Sinne „nachdenken" können, sind sie darauf angewiesen, daß wir ihnen über das Gefühl vermitteln, was wir Reiter von ihnen wollen. Dazu gehört es, über einen störungsfreien Sitz herauszufinden, wie das Pferd von sich aus geht.

Der Kern des Sitzes liegt im Schwerpunkt des Reiters, welcher etwa zwischen den Hüften liegt. Dieser muß sich der Bewegung anpassen. Dazu muß man sich klar machen, wie der Bewegungsablauf aussieht. Grundsätzlich besteht die Bewegung aus einer Aufwärts-, Vorwärts- und dann wieder aus einer Abwärtsbewegung, die durch das Auffußen der Beine gestoppt wird, um sich zu wiederholen. Dadurch ergibt sich eine gleichmäßige, taktmäßige Bewegung, die durch das Landen der Beine regelmäßig unterbrochen ist. Durch richtiges Mitgehen kann man der Bewegung folgen. Dazu muß sowohl die Hüfte als auch die Lendenwirbelsäule des Reiters völlig spannungsfrei mitschwingen.

Mitteltrab: gute Aktivität von hinten bei passender Aufrichtung. Der Sitz könnte insgesamt gestreckter sein. Speziell die äußere Hand muß tiefer gestellt werden. Das Vorneigen des Kopfes sieht man immer wieder - ein kleiner Fehler.

Das Pferd ist in guter Haltung mit aktivem Hinterbein. Der Sitz könnte gestreckter sein. Schulter – Hüfte – Absatz sollten eine senkrechte Linie bilden.

Das Resultat dieser Grundlage ist der Balancesitz, für den keine dynamischen Kräfte notwendig sind. Hat der Reiter gelernt, in der Balance zu bleiben, erreicht er dadurch einen grundsätzlichen Einklang mit dem Pferd. Stimmen die Bewegungen des Reiters mit den Bewegungen des Pferdes überein, so wird ein gewisser Grad an Harmonie erreicht. Neben der Balance hat die Losgelassenheit eine entscheidende Bedeutung für den Sitz. Dabei sollen alle Gelenke (Schulter, Ellenbogen und Handgelenk, sowie Hüfte, Knie und Fußgelenk) völlig losgelassen sein. Erst wenn diese Gelenke - losgelassen und der

Ganz brauchbare Piaffe mit genügend Aufrichtung und Beugung der Hinterhand. Im Sitz gut erkennbar ist die Linie Schulter – Hüfte – Absatz, sowie die gerade Linie Zügel – Unterarm. Der Reiter könnte bei stärkerer Versammlung im Sitz etwas mehr belasten.

Harmonischer Sitz im Gleichgewicht, wobei die Hand mehr Dehnung zulassen sollte.

Bewegung angepaßt - federn, wirkt der Sitz harmonisch und ruhig. Diese Losgelassenheit bewirkt die möglichst tiefe Lage von Knie und Absatz.

Sind auch Gesäß- und Oberschenkelmuskeln locker, so kann die Hüfte vorschwingen, und der Schwerpunkt des Reiters kommt dicht ans Pferd. Der Oberkörper soll dabei senkrecht nach oben ragen. Durch leichtes Anspannen der Muskulatur von Rücken, Bauch und Schultern bleiben Oberkörper und Kopf aufrecht und ruhig. Die Gelenke der Arme federn so, daß der Reiter in der Lage ist, eine sinnvolle Anlehnung zum Pferdemaul zu erhalten. Schultergelenk, Hüfte und Absatz sollen dabei auf einer senkrechten Linie sein, sofern dies mit dem Tempo des Pferdes vereinbar bleibt. Ist diese Losgelassenheit noch nicht erreicht, überträgt sich die Steifheit des Reiters sofort auf den Rücken des Pferdes und somit auf dessen Gang. Die richtige Losgelassenheit verhindert, daß der Reiter Eigenbewegung schafft, die sich immer störend auswirkt. Der losgelassene Sitz ist Voraussetzung für den korrekten Sitz. Das Ziel ist der für Pferd und Reiter bequeme Sitz, aus dem sich eine effektive Einwirkung auf das Pferd ergibt.

Wichtig ist auch die richtige Position des Reiters auf dem Pferderücken. Betrachtet man den Hals des Pferdes als Kraftarm sowie den Rücken des Pferdes als Lastarm, so ergibt sich sinnvollerweise eine Position möglichst weit vorne, in der sich die Schulter des Pferdes aber völlig frei bewegen kann.

Einige Kräfte wirken auf den Sitz des Reiters ein. Diese sind Tempo, Tempoveränderung und Zentrifugalkraft. Die optimale Balance des Reiters und seines Sitzes ist dann gegeben, wenn der Reiter nicht nur dem Bewegungsablauf des Pferdes folgt, sondern zusätzlich seinen Schwerpunkt richtig verlagert. So muß der Schwerpunkt des Reiters bei höherem Tempo weiter vorne, bei niedrigerem Tempo weiter hinten sein. Durch Verlagerung des Schwerpunktes nach innen muß der Reiter dem Pferd helfen, der Zentrifugalkraft entgegenzuwirken. Nur so kann das Pferd lernen, den gemeinsamen Schwerpunkt richtig zu unterstützen. Um einen sicheren und geschmeidigen Bewegungsablauf zu erhalten, muß der Reiter seinen Schwerpunkt immer im voraus der neuen Bewegungsrichtung anpassen. Das Pferd wird lernen, dem Reitergewicht zu folgen (*vgl. Kapitel Geraderichten*).

IV. Einwirkung

Die Einwirkung des Reiters auf sein Pferd ist das Umfangreichste, was der Reiter im Zusammenhang mit der Arbeit erlernen muß. Um dieses zu lernen, muß man sich zunächst darüber klar sein, wie die Hilfen auf das Pferd wirken. Wenn man verstanden hat, wie das Pferd auf Einwirkung reagiert, hat man eine Basis, auf der man gezielt arbeiten kann und somit die Reaktionen des Pferdes von Mal zu Mal verbessern kann. Die Reaktion des Pferdes auf die Einwirkung allgemein ist ein Resultat aus Interieur, Charakter, Temperament, Intelligenz und Hautsensibilität. Daran sieht man, daß nicht nur die Hilfengebung allgemein sehr schwierig ist, sondern, sofern man eine feine Harmonie mit seinem Pferd herstellen will, letztendlich doch ein großes Maß an Erfahrung notwendig ist.

Es gibt zwar immer wieder Fälle, wo ein spezielles Paar ein sehr hohes Maß an Harmonie erreichen kann, jedoch sollte ein Reiter versuchen, mit verschiedenen Pferden ein möglichst hohes Maß an Harmonie zu erreichen. Erst dann kann er zum Reiter im klassischen Sinn werden. Dabei darf der Grad der Harmonie nicht gleichgesetzt werden mit dem Ausbildungsstand von Reiter und Pferd und umgekehrt.

Stellt man die Eigenschaften des Pferdes, also Interieur, Charakter, Temperament, Intelligenz und Hautsensibilität, in einem Kreise dar, so stellt man fest, daß die Einwirkung von diesen Faktoren derart abhängt, daß sie zwar innerhalb dieses Kreises liegt, doch nie durch einen konstanten Punkt dargestellt werden kann, die inneren Eigenschaften eines Pferdes sind vielmehr variabel, wodurch sich auch Verschiebungen untereinander ergeben. Deshalb wird der Reiter nie einen konstanten Punkt finden, an dem die Hilfengebung immer „funktioniert".

Die Kunst liegt darin, daß man als Reiter in der Lage ist, die inneren Eigenschaften eines Pferdes richtig zu deuten, sich ihnen dann anzupassen, um von diesem Punkt aus eine Veränderung herbeizuführen, die sowohl eine dressurmäßige Verbesserung als auch eine Verbesserung im Sinne der Harmonie darstellt. Berücksichtigt man als Reiter die inneren Eigenschaften eines Pferdes nicht, sondern setzt sich darüber hinweg, so handelt man falsch und gegen den Sinn des Reitens. Mit Gewalt kann man vielleicht eine Unterordnung erzwingen, aber niemals Harmonie, Stolz und Selbstsicherheit des Pferdes in

Einklang mit Gehorsam auf der Basis des Vertrauens erreichen. Will man nun auf die konkrete Einwirkung eingehen, sollte man noch etwas genauer die Bedeutung des Begriffs Hilfen beleuchten: „Hilfen kommt von helfen".

Der Reiter muß in der Ausbildung dem Pferd helfen, takt- und schwungvoll zu gehen, vollkommenes Gleichgewicht und sichere Selbsthaltung zu erreichen. Soweit wie möglich soll das Pferd lernen, seine natürlichen Körperkräfte derart zu formen und einzusetzen, daß sich die Einwirkung des Reiters auf eine Kontrolle des Erreichten reduzieren läßt. Trotzdem muß man sich darüber klar sein, daß eine beständige Einwirkung zum Erhalt von Ausbildungsstand und Trainingszustand immer erforderlich ist.

Um nun seinem Pferd zu helfen, Takt, Schwung, Gleichgewicht und Selbsthaltung zu erreichen, spielt zunächst der Sitz des Reiters die wichtigste Rolle. Besonders das richtige Mitschwingen von Hüfte und Rük-

Der Reiter muß lernen ...

... nur Hilfen anzuwenden, die dem Pferd helfen.

... nur solange Hilfen anzuwenden, wie das Pferd Hilfe braucht.

... daß Korrekturen auch Hilfen sind. Sie müssen immer unmittelbar beim Auftauchen von Fehlern einsetzen, wobei der Grad der Wichtigkeit beachtet werden muß.

... Hilfen nicht anzuwenden, solange das Pferd ohne Hilfen zurechtkommt.

... die Hilfengebung derart zu reduzieren, daß sich Einwirkungskräfte nicht gegenseitig aufheben.

... daß bei richtiger Ausbildung des Pferdes mit richtiger Hilfengebung sich bei steigendem Ausbildungsstand eine Verfeinerung der Hilfen ergeben muß.

ken des Reiters ist von entscheidender Bedeutung. Die Anpassung an das natürliche Tempo des Pferdes ist die Voraussetzung, um Takt, Tempo, Frequenz und Schwung einer Bewegung zu verändern. Nur wenn der Reiter in der Lage ist, mit seiner Körperschwingung der des Pferdes exakt zu folgen, hat er den Ansatzpunkt, den er braucht, um durch vorsichtiges Verzögern dieser Körperschwingung den zu schnellen Takt des Pferdes zu beruhigen. Ist das Pferd in seiner Frequenz zu langsam, kann der Reiter durch allmähliche Beschleunigung der Körperschwingung das Pferd in einen flüssigeren Rhythmus bringen. Dabei darf das Pferd weder aus seinem natürlichen Gleichgewicht gebracht werden, noch soll es einen unnatürlichen Bewegungsablauf annehmen.

In bezug auf die weitere Förderung des Pferdes ist es aber wichtig, daß das Pferd lernt, in einem Tempo zu gehen, das als Voraussetzung für eine weitere Förderung dienen kann. Denn oft wird dem Pferd fälschlicherweise die Schuld gegeben, bestimmte Lektionen nicht lernen zu können oder zu wollen, obwohl nur die Grundausbildung im Hinblick auf das richtige Tempo und die richtige Frequenz falsch war. So ist es zum Beispiel oft problematisch für das Pferd, ein korrektes Schulterherein auszuführen, wenn das Pferd zwar schwingt, aber vom Tempo her nicht fleißig genug ist. Deutlich sichtbare Taktfehler sind die Folge. Ein zu eiliges Pferd wird gar nicht erst schwingen können. Nur sind Pferde in beiden Fällen nicht in der Lage, schwungvoll yund im Gleichgewicht zu gehen, weil die Voraussetzungen, nämlich Takt, Schwung und richtige Frequenz, nicht korrekt oder gar nicht geschult worden sind.

Ähnlich ist es bei allen Seitengängen. In bezug auf die Biegung in den Seitengängen haben die Pferde oft nicht gelernt, Takt, Schwung und Frequenz in den Ecken und auf allen gebogenen Linien zu erhalten.

Auch der Außengalopp und der Fliegende Wechsel scheitern nicht am Willen des Pferdes, sondern an der grundsätzlichen Schulung der Galoppade. Wird hier nicht darauf geachtet, daß das Pferd immer sicher und fleißig durchspringt, und darf es viel zu langsam oder mit zu hoher Frequenz springen, hat es gar keine Voraussetzungen für die Ausführung dieser Lektionen. Das zu langsame Pferd, oft auch mit zu großer Galoppade ausgestattet, bleibt spätestens in der ersten Ecke des Außengalopps hängen. Das zu eilige Pferd ist oft innerlich verspannt und fängt deshalb an wegzulaufen. Beidesmal haben die Pferde aber nur Probleme mit dem Grundtakt: Das langsame, mit großer Galoppade ausgestattete Pferd muß lernen, kürzer und mit etwas höherer Frequenz zu galoppieren. Das eilige Pferd muß zunächst losgelassener werden und eine ruhigere, größere Galoppade bekommen, erst dann sind die Voraussetzungen gegeben, um Außengalopp oder Fliegende Wechsel zu erarbeiten.

Voraussetzungen sind Takt und Schwung

An diesen Beispielen sieht man, daß das Erreichen einer bestimmten Frequenz, Takt und Schwung Voraussetzung für die korrekte Ausführung aller Lektionen sind. Schönheit und Ausdruck bleiben jedoch immer den besonders talentierten Pferden vorbehalten.

Um nun den optimalen Schwung und Takt des Pferdes zu erreichen und zu verbessern, reicht die vorhergehend beschriebene Einwirkung des Gewichtes nicht aus. Sie muß in Zusammenhang stehen mit der richtigen Anwendung der treibenden Hilfen. Dabei ist die Lage des Schenkels nur in bezug auf den Sitz von Bedeutung. Was die Einwirkung angeht, sind die richtige Stelle am Pferdeleib und der ideale Zeitpunkt (Phase) wichtiger. Auch die Art der Schenkel-Einwirkung spielt eine Rolle für auf die Reaktion des Pferdes. Die richtige Stelle am Pferdeleib befindet sich in einem bestimmten Bereich hinter dem Gurt. Allgemein sollte der Schenkel nicht mehr als zwei bis drei Handbreit hinter dem Gurt einwirken. Kommt der Schenkel zu weit nach hinten oder nach oben, erreicht man oft nur Verspannung und Ungehorsam des Pferdes, außerdem kann der Reiter dann nicht mehr im Gleichgewicht sitzen.

Der Reiter hat drei grundsätzliche Möglichkeiten, mit dem Schenkel auf sein Pferd einzuwirken. Er kann vorwärtstreibend, vorwärts-seit-

Der Schritt: In dieser Phase steht der Vortritt des linken Hinterfußes unmittelbar bevor. Das Einwirken mit dem linken Schenkel ist in dieser Phase sinnvoll.

wärts-treibend und verwahrend einwirken. Dabei ist die eigentliche Lage des Schenkels gar nicht von großer Bedeutung, sondern vielmehr, daß Pferd und Reiter sich über die Einwirkungsart einig sein müssen. Viel wichtiger ist das, was man mit dem Schenkel macht. Man kann den Schenkel je nach Bedarf vor- und zurückführen, kann ihn fest anlegen, drücken oder durch Andrücken oder Anklopfen des Schenkels einwirken. Der verwahrende Schenkel liegt meist passiv und mit angemessener feiner Verbindung zum Pferdeleib etwas weiter hinten.

Der vorwärts-seitwärts-treibende Schenkel übt, etwa zwischen dem vorwärtstreibenden und dem verwahrenden Schenkel liegend, einen beständigen Druck aus, um ein Ausweichen der Hinterhand nach der anderen Seite zu erreichen. Der vortreibende Schenkel liegt am weitesten vorn und soll durch ein kurzes Andrücken an die Bauchmuskulatur einen Reflex auslösen, der das gleichseitige Hinterbein dazu veranlaßt, vermehrt nach vorne zu treten. Soll der vorwärts-seitwärts-treibende Schenkel richtig wirken, muß er einen beständigen Druck ausüben, um ein Ausweichen der Hinterhand zu erzeugen, daraus aber auch aktiv wirken, um gleichzeitig ein vermehrtes Vortreten der Hinterhand zu erreichen.

Das Auslösen dieses Reflexes ist für das ganze Thema „Treibende Hilfen" besonders wichtig. Dazu gehört zunächst die angemessene Stärke der Einwirkung, die gegebenenfalls durch den Gebrauch von Sporen oder Gerte verbessert werden kann. Der richtige Zeitpunkt der Einwirkung ist jedoch viel wichtiger, um die richtige Reaktion, nämlich das deutlich sichtbare vermehrte Vortreten des jeweiligen Hinterbeins, zu erzeugen. Der Moment kurz vor dem Abfußen des jeweils gemeinten Hinterbeins, wenn das Gewicht schon durch das gegenüberliegende Hinterbein getragen wird, ist der Zeitpunkt, an dem durch deutliches Herandrücken des Schenkels die größtmögliche Reaktion erreicht werden kann. Wirkt man einen Bruchteil zu früh ein,

Der Schritt: Der linke Hinterfuß hat abgehoben und tritt unmittelbar vor.

Der Schritt: Durch den Vortritt des linken Hinterfusses und durch den noch stehenden linken Vorderfuß bedingt, macht sich das Pferd in der Längsachse nach links hohl. Man sagt, das Pferd holt sich den gleichseitigen Schenkel.

Der Schritt: Der linke Hinterfuß hat aufgefußt, und der Vorgang des Treibens wiederholt sich auf der rechten Seite.

Der Trab: In dieser diagonalen Zweibeinstütze kann der linke Schenkel treibend einwirken.

Der Trab: Der linke Hinterfuß tritt entsprechend weit vor, die Einwirkung des rechten Schenkels steht unmittelbar bevor.

Der Trab: Schwebephase. Der rechte Schenkel kann nun treibend einwirken und so in der nächsten Zweibeinstütze (vorne rechts/hinten links) den rechten Hinterfuß entsprechend weit vortreten lassen.

ist das Hinterbein noch in der Stützphase und wird versuchen, durch eine übereilte Reaktion auf den Schenkel einzugehen. Ein eiliger und flacher Gang ist die Folge. Wirkt man einen Bruchteil zu spät ein, ist der Bewegungsablauf gar nicht mehr zu beeinflussen. Je weniger Einfluß man hat, um so weniger kann man sein Pferd aktivieren. Den richtigen Moment kann man erkennen, indem man beim Reiten in den Grundgangarten den Bewegungsablauf des Pferdes beobachtet und sich zu eigen macht.

Treiben im Schritt

Jedesmal beim Vortreten eines Hinterbeins macht sich das Pferd in der Längsachse auf dieser Seite hohl. Wenn Ober- und Unterschenkel des Reiters locker herabhängen und die Hüfte richtig mitschwingt, fällt der jeweilige Schenkel des Reiters fast automatisch in das durch die Bewegung des Pferdes entstehende „Loch". Verstärkt der Reiter in diesem Moment den Schenkeldruck, und ist er in der Lage, dieses wechselseitig zu wiederholen, so hat er die Voraussetzung, im Schritt richtig auf sein Pferd einzuwirken. Der Reiter muß nun lernen, die treibende Schenkelhilfe unabhängig von seiner eigenen Rückenbewegung zu gebrauchen.

Treiben im Trab

Hier gelten prinzipiell die gleichen Merkmale für die Einwirkung wie beim Schritt. Der Reiter kann durch Beobachten der Schulter seines Pferdes den Zeitpunkt des Vortritts eines Hinterbeins beinahe ersehen. Wenn nämlich eine Schulter vorkommt, tritt gleichzeitig auch das diagonale Hinterbein nach vorne. Bei dessen Vortritt macht sich das Pferd ebenfalls in seiner Längsachse hohl, so daß der Reiter den richtigen Zeitpunkt für das Treiben vom Pferd „gezeigt" bekommt. Man treibt also wechselseitig, wobei der jeweils andere Schenkel durch beständiges Verwahren ohne seine Lage zu verändern die Geraderichtung erhält. Eine gute Übung für Reiter und

Pferd ist das Schulterherein, später dann Travers und Renvers. Dabei kann der Ausbilder Reiter und Pferd beibringen, sich bei der Arbeit auf ein Hinterbein zu konzentrieren.

Setzt man diese Arbeit weiter fort, so kann man mit folgender Übung den Einsatz beider Schenkel und die Reaktion beider Hinterbeine verbessern: an der langen Seite das Reiten von Schulterherein, Volte und Travers in Folge. Hierbei wird zunächst der innere Schenkel - das innere Hinterbein - gebraucht. Während der Volte wird das wechselseitige Treiben - das gleichmäßige Vorwärtstreten - verbessert. Im anschließenden Travers wird dann der äußere Schenkel - das äußere Hinterbein - zur dominierenden Einwirkung gefordert. Hierbei lernt der Reiter sowohl das wechselseitige Treiben als auch den Wechsel in der vermehrten Einwirkung eines Schenkels. Diese Übungen lassen sich in Reihenfolge und Schwierigkeitsgrad beliebig variieren.

Sie dienen aber in dieser Form nur dazu, dem Reiter die Schenkelhilfen in der Praxis deutlicher erklären zu können. In bezug auf das Pferd ist diese Praxis der Schenkeleinwirkung nur bedingt richtig, da in den genannten Lektionen in der Theorie andere Zusammenhänge zu sehen sind.

Treiben im Galopp

Im Galopp haben wir in der Regel die größte Schwebephase und demzufolge, im Verhältnis zum Trab und Schritt, den langsamsten Bewegungsablauf. Einen direkten optischen Anhaltspunkt, wie etwa im Trab, gibt es für den Reiter nicht. Durch die große Schwebephase und den großen Schwung wird der Reiter aber zum richtigen Moment der treibenden Einwirkung geführt. Beim Abfußen der Hinterbeine nach der Schwebephase wird der Oberkörper des Reiters durch die Verzögerung der Bewegung nach vorne verlagert. Bei der folgenden Schubphase, bis hin zum Abfußen der Hinterbeine, wird die Hüfte

Der Galopp: In der Einbeinstütze ist das Treiben mit dem äußeren Schenkel noch nicht möglich.

Der Galopp: In der Dreibeinstütze befindet sich der äußere Hinterfuß kurz vor dem Abfußen.

Der Galopp: In der Zweibeinstütze muß das Treiben mit dem äußeren Schenkel erfolgen, um einen verbesserten Vortritt zu erreichen.

Der Galopp: In der Dreibeinstütze erfolgt der Vortritt des äußeren Hinterfußes. Das Abfußen des inneren Hinterfußes steht unmittelbar bevor. Das Treiben mit dem inneren Schenkel ist in dieser Phase sinnvoll.

Der Galopp: Einbeinstütze: Ab dem Beginn dieser Phase hat man keinen Einfluß mehr mit dem Schenkel. Lediglich das richtige Mitgehen mit dem Schwerpunkt ist entscheidend.

des Reiters nach vorne gezogen, und der Oberkörper kommt etwas nach hinten.

Genau in diesem Moment muß die treibende Einwirkung erfolgen. Da beide Hinterbeine nacheinander auf- beziehungsweise abfußen, muß streng genommen auch das Treiben nacheinander erfolgen. Nun ist das Treiben, wie alle Einwirkungen, nicht so zu verstehen, daß man dies permanent ausführen muß. Es kommt nur darauf an, daß man, wenn man treibt, eine Wirkung erzielt. Diese ist am größten, wenn das Treiben im richtigen Moment in der richtigen Dosierung einsetzt. Man erreicht keine oder falsche Reaktionen, wenn man zu früh oder zu spät einwirkt. Besonders muß der Reiter sich darüber klar sein, daß die Einwirkungen immer nur in einem kurzen Moment erfolgen dürfen, da vorher oder nachher allein schon der Bewegungsablauf eine richtige Reaktion des Pferdes verhindert.

In bezug auf den Galopp gelten natürlich die gleichen Hilfen-Zusammenhänge wie im Trab. Ohne verwahrenden Schenkel ist auch hier kein richtiges Treiben möglich. Durch die Einseitigkeit der Bewegung Galopp ist aber eine genauere Betrachtung der Hilfen notwendig. Speziell hat dies zwei Gründe: Zum einen versucht das Pferd, seiner Natur entsprechend, meistens mit der Hinterhand nach innen auszuweichen. Deshalb hat im allgemeinen der innere Schenkel eine verwahrende Funktion. Diese Kontrolle darf er auch nicht aufgeben, wenn er treibt.

Beim äußeren Schenkel ist es eher umgekehrt. Er hat zwar auch eine verwahrende Aufgabe, aber primär treibende Funktion. Das liegt daran, daß der äußere Hinterfuß in der Bewegung Galopp allein auffußt, allein schiebt beziehungsweise trägt, und allein abfußt. Der innere Hinterfuß fußt gleichzeitig mit dem äußeren Vorderfuß auf, schiebt gleichzeitig mit ihm und fußt gleichzeitig mit ihm ab. Seine Wirkung ist also begrenzt. Beim Auffußen trägt er weniger, da das Vorderbein schon auffußt und mitträgt, beim Schieben kann er nicht mehr schieben als das Vorderbein.

Sieht man Bilder und Filme aus dem Galopprennsport, so erkennt man, daß bei hohem Tempo die Diagonale unterbrochen wird, um neben dem Schub des äußeren Hinterbeins auch noch einen vermehrten Schub des inneren Hinterbeines zu erreichen. Was also den Schub des äußeren Hinterbeines in unserer Grundgangart angeht, ist er deutlich höher als

Zügelhilfen: Ein häufiger Fehler ist das Abspreizen des Ellbogens und die verdeckte und dadurch auch verwinkelte Faust.

der des inneren Hinterbeins. Wenn man nun Schubkraft in Tragkraft umwandeln will, so muß man dort etwas tun, wo am meisten Schub vorhanden ist, am äußeren Hinterbein.

Allein bei der Hilfengebung in den Grundgangarten sieht man auch den Zusammenhang zwischen Sitz und Treiben des Reiters. Da das Pferd auf das Treiben verschieden reagiert, müssen die Gewichtshilfe und das Treiben sorgfältig aufeinander abgestimmt sein. Nur wenn der Sitz während des Treibens losgelassen bleibt und durch die Gewichtshilfe die Frequenz einer Bewegung möglichst ganz oder beinahe erhalten bleibt, hat man die Voraussetzung, um ein Pferd kadenzierter und schwungvoller zu machen. Das Zusammenspiel der Hilfen erfordert auch, daß diese unabhängig voneinander gegeben werden können, auch wenn sie in bestimmten Fällen zeitgleich gegeben werden müssen.

Zügelhilfen

Die Zügelhilfen sind ihrer Natur nach verhaltende Hilfen. Das bedeutet, daß auch eine noch so geringe verhaltende Einwirkung mit dem Zügel den Bewegungsablauf des noch nicht ausgebildeten Pferdes verzögert und der

Die Zügelhaltung ist nun deutlich besser, wobei die Faust immer noch zu hochgetragen wird. Handrücken und Unterarm bilden keine gerade Linie.

Schub des Hinterbeins begrenzt wird. Oftmals hat die Zügeleinwirkung, die aus leichtester Anlehnung gegeben wird, einen stärkeren Einfluß als die Zügelhilfe, die aus einem fest anstehenden Zügel gegeben wird. Bei richtiger Anlehnung, Haltung und Stellung des Pferdes wirkt der Zügel immer auf das gleichseitige Hinterbein. Mit dem Zügel kann man viel mehr falsch machen als zum Beispiel mit den treibenden Hilfen. Insbesondere das Gleichgewicht des Pferdes wird oft durch zu starke oder falsche Einwirkung des Zügels erheblich gestört. Obwohl der Zügel für das Beizäumen,

Richtige Haltung des Unterarms, Unterarm und Zügel bilden eine gerade Linie. Nur die Faust könnte noch etwas mehr eingedreht sein.

Stellen, Biegen und Versammeln eines Pferdes notwendig ist, muß der Reiter von Anfang an lernen, mit dem Zügel sehr vorsichtig und sehr genau einzuwirken.

Für das Pferd ist es wichtig, daß der Reiter gelernt hat, unabhängig von seiner Hand zu sitzen. Das bedeutet, daß er insbesondere die Gelenke der Schulter und der Ellenbogen, sowie die Handgelenke elastisch und spannungsfrei bewegen kann. Die Gelenke müssen wie Federn wirken, so daß einerseits der Zügel sich der Eigenbewegung von Kopf und Maul des Pferdes anpaßt und andererseits das Gewicht des Oberkörpers keine Einwirkung auf das Maul des Pferdes nimmt, es sei denn dies ist beabsichtigt (Paraden). Durch diese Elastizität erreicht der Reiter eine grundsätzlich richtige Anlehnung an das Pferdemaul. Nur so kann er störungsfrei auf Haltung und Bewegungsablauf des Pferdes einwirken.

Steigt die äußere Hand zu hoch, so kann dies ein Verwerfen des Genicks zur Folge haben. Das Gleichgewicht ist nicht vorhanden.

Als nächstes muß er dann lernen, durch „Zügel aus der Hand kauen lassen" die Dehnung des Pferdehalses zuzulassen, sowie das Zügelmaß störungsfrei wieder aufzunehmen. Diese Art des gleichmäßig anstehenden Zügels ist notwendige Voraussetzung für jede weitere Zügeleinwirkung. Besonders in schwierigen Situationen, in denen Takt, Anlehnung, Haltung oder Gehorsam verloren gehen bis hin zum groben Ungehorsam des Pferdes, muß der Reiter in der Lage sein, durch Ruhe und Sicherheit der Hand dem Pferd Gleichgewicht, Stütze und Haltung wiederzugeben. Wer hier selbst noch störend einwirkt, kann nicht erwarten, daß sein Pferd wieder zu der gewünschten Ruhe und Selbstsicherheit findet.

Die zu hohe Handhaltung führt dazu, daß das Pferd im Genick deutlich nachgibt und hinter die Senkrechte kommt.

Bei der Arbeit mit jungen Pferden kommt es häufiger vor, daß ein Pferd sein Gleichgewicht noch nicht beibehält. Die Gründe hierfür können Übermut, schreckhaftes Wegspringen oder Angst sein. In all diesen Fällen ist das Pferd nicht in der Lage, das Gleichgewicht selbst wieder herzustellen.

Der Daumen sollte nach wie vor auf dem Zügel liegen (nicht an der Peitsche), damit das Handgelenk nicht steif wird. Insgesamt sollte die Faust etwas besser eingedreht sein.

Der verwahrende Zügel, der sich aus der gleichmäßigen Anlehnung ergibt, soll dafür sorgen, daß in schwierigen Situationen der Hals des Pferdes gerade bleibt, damit es besser balancieren kann. Durch rechtzeitiges Einwirken des verwahrenden Zügels ist der geschickte Reiter in der Lage, manche dieser Situationen im vorhinein abzufangen. Besonders der jeweils zur Genickstellung hin äußere Zügel muß die Fähigkeit eines Sensors haben. Da Pferde in der Natur immer über die äußere

Schulter ausweichen, kann hier durch Einwirken des äußeren Zügels oft schon im vorhinein korrigiert werden.

Je größer der Grad von Wendung und Biegung ist, desto wichtiger wird der verwahrende Zügel. Bringt der Reiter die bisher besprochenen Einwirkungen in Zusammenhang, ist die Voraussetzung geschaffen, um einem Pferd eine gute Grundausbildung zu geben. Bringt man nun die Hilfen unabhängig voneinander in Koordination, ist es möglich, mit einem schwingenden Rücken Takt und Frequenz sowie Losgelassenheit des Pferderückens zu erreichen. Gleichzeitig aktiviert nach Bedarf der Schenkel die Hinterhand, um schwungvollen und fleißigen Gang zu erzeugen, und die Hand erhält mit elastischen Gelenken des Arms die Anlehnung und bringt dabei das Pferd in eine erste sinnvolle Beizäumung. Dies ist die erste Stufe einer Koordination der Hilfen.

Bei der Arbeit kann es bei den Zügelhilfen auch schon mal zur „Durchhaltenden Zügelhilfe" kommen. Geht das Pferd nämlich gegen den Zügel, so erfordert dies vom Reiter, das Pferd durchzuhalten. Dies bedeutet, daß der Reiter beide Zügel derart durchhält, daß das Pferd in der Halsung gerade sein muß. Auch erfolgt ein Durchhalten beider Zügel bis zum Nachgeben des Pferdes. Da die Ursachen für das „Gegen-den-Zügel-Gehen" fast ausschließlich in einer Verspannung oder Versteifung der Hinterhand oder des Rückens liegen, darf die Hand nur als passiver Gegenpol gegen die Einwirkung von Gewicht und Schenkel gesehen werden. In dem Moment, wo Hinterhand und Rücken nachgeben, muß auch die Reiterhand wieder nachgeben.

Entscheidend ist bei jeder Zügelhilfe, insbesondere wenn Schwierigkeiten auftauchen, daß die treibenden Hilfen gegenüber den verhaltenden Hilfen Vorrang haben, so daß Vorwärtsbewegung und -tendenz nie unterbunden werden. Nur wenn das Pferd in der Vorwärtsbewegung nachgibt, ist das Ziel erreicht. Dabei wird das Kreuz des Reiters durch Anspannen der Bauchmuskulatur nach vorne gezogen, um in diesem Fall eine feste Verbindung mit der passiv durchhaltenden Hand zu erreichen. Das eigentliche Lösen des Pferdes in diesem Moment erreicht man nur durch die richtige Einwirkung des treibenden Schenkels.

Stellen und Biegen

Der annehmende und nachgebende Zügel kommt insbesondere beim Stellen und Biegen eines Pferdes zur Anwendung. Da der annehmende und nachgebende Zügel ausschließlich in der Vorwärtsbewegung einwirkt, ist die Erhaltung der Gewichts- und Schenkelhilfen während jeder Handeinwirkung immer notwendig. Die annehmende Zügelhilfe besteht im ersten Grad in einem Eindrehen des Handgelenks. Erst wenn hier keine Reaktion des Pferdes zu erreichen ist, kann ein Zurücknehmen des Unterarms auf der Linie des Zügels angewendet werden. Die jeweils andere Hand hat gleichzeitig die Aufgabe, Stellung und Biegung je nach Erfordernis sowohl zuzulassen als auch zu begrenzen. Vor jeder Biegung der Längsachse des Pferdes muß eine deutliche Genickstellung erreicht werden, und zwar unabhängig von der Biegung des Halses. Dieses Stellen erfordert ein feines Zusammenspiel zwischen innerer und äußerer Hand, viel Geduld und häufiges Wiederholen des Einstellens mit der inneren Hand bis zu dem Zeitpunkt, wo das

Genick nach beiden Seiten gleich nachgibt. Optisch wird dem Reiter die Stellung sichtbar, wenn er auch auf gerader Linie das innere Auge und den inneren Nüsternrand schimmern sieht. Der Mähnenkamm muß dabei nach innen springen. Erst wenn der Reiter erreicht, daß er beim gestellten Pferd beide Zügel nachgeben kann, ohne daß sich die Stellung ändert, ist die Voraussetzung für eine korrekte Biegung erreicht.

Beim Biegen des Pferdes in seiner Längsachse kommt es nun zu einer weiteren Koordination aller Hilfen. Das Gewicht des Reiters wird, je nach Grad der Biegung und je nach Tempo, vermehrt nach innen genommen. Der Rücken des Reiters muß dabei genauso weiterschwingen wie bisher. Beide Schenkel sorgen weiterhin für schwungvollen und fleißigen Gang, wobei der äußere Schenkel vermehrt verwahrende Funktion ausübt. Der innere Schenkel kommt vermehrt zum Treiben, um einen deutlichen Vortritt des inneren Hinterfußes zu erreichen. Nur so kann eine Verbesserung der Längsbiegung im Mittelstück des Pferdes erreicht werden. Der innere Zügel wird vermehrt angenommen, während der äußere Zügel den entsprechenden Grad der Halsbiegung zuläßt. Dieser darf nicht stärker sein als der Grad der gesamten Längsbiegung des Pferdes.

Ist das Pferd einmal in dieser Biegung, sollten beide Zügel solange verwahrende Funktion einnehmen, bis eine erneute Verbesserung der Biegung wieder nötig wird. Die richtige Anlehnung und Haltung sind Voraussetzung für die Biegung und müssen immer zuerst hergestellt sein. Dies gilt gerade bei der Korrektur von Stellung und Biegung. Durch Wiederholung der Arbeit auf verschiedenen Linien mit dem korrekten Zusammenspiel der Hilfen erreicht man bei jedem Pferd einen hohen Grad der Längsbiegung bis hin zum Durchmessen einer Volte. Diese Längsbiegung hat aber nur Sinn, wenn bei jedem Grad der Längsbiegung, den man als nächstes erreichen will, auch Takt, Losgelassenheit und Schwung erhalten bleiben. Dieses Zusammenspiel der Hilfen ergibt die zweite Stufe der Koordination der Hilfengebung.

Der seitwärtsweisende Zügel

Während jeder Wendung und Biegung kann das Pferd auch durch mangelnde Routine und mangelndes Gleichgewicht mit der Schulter nach innen oder außen ausweichen - manchmal auch aus Widersetzlichkeit. Diese Seitwärtsbewegung kann der Reiter korrigieren, indem er zur Stellung des Pferdes die äußere Hand bei sicherer Verbindung zum Pferdemaul seitwärts, entgegen der Richtung der Schulter, führt. Ähnlich dem Schenkelweichen wirkt die Korrektur jedoch nur im Zusammenhang mit dem gleichseitigen vorwärts-seitwärts-treibenden Schenkel. Geht man später in der Ausbildung des Pferdes zu den Seitengängen über, wird der seitwärtsweisende Zügel in der Ausbildung noch wichtiger. Hier muß man dem Pferd unter anderem beibringen, sich in Richtung seiner Kopfstellung zu biegen und in dieselbe Richtung zu treten, während es in der Natur immer mit Außenstellung in eine Wendung geht oder sich seitwärts bewegt. Dabei geht man mit dem richtigen Zügelmaß und richtiger Anlehnung auf die Genickstellung ein und kann durch Seitwärtsführen beider Zügelfäuste auf die Schulter Einfluß nehmen.

Geht die Schulter zu sehr voraus, können beide Zügelfäuste nach außen gehen, um dem entgegenzuwirken. Geht die Hinterhand zu sehr voraus, kann man beide Zügel vermehrt nach innen nehmen, um so die Schulter wieder vor die Hinterhand zu bringen. In beiden Fällen muß der Reiter, basierend auf den grundsätzlichen Zügelhilfen, lernen, die Anlehnung, Stellung und Biegung, unabhängig vom Seitwärtsweisen des Zügels zu erhalten. Dies erfordert Übung und Routine und sollte nur unter Aufsicht des Ausbilders angewendet werden.

Weiterhin erfordert die Arbeit in den Seitengängen im Zusammenspiel mit den Zügelhilfen den richtigen Einsatz von Schenkel und Gewicht. Die Gewichtshilfe muß vom Reiter immer nach innen, also in Bewegungsrichtung, gegeben werden. Dies bezieht sich auf alle Wendungen und Seitengänge. Da das Pferd lernen soll, auf das Gewicht des Reiters einzugehen, muß das Gewicht immer sicher und richtig eingesetzt werden. Die Schenkelhilfen müssen in Koordination zu den Zügelhilfen sowohl Takt und Schwung erhalten, als auch durch ihren verwahrenden Einsatz, vornehmlich des inneren Schenkels, aber auch durch Einsatz des vorwärts-seitwärts-treibenden äußeren Schenkels, die Bewegung der Hinterhand bestimmen. In der Ausbildung des Pferdes muß der Reiter darauf achten, daß er die Längsachse des Pferdes immer als Ganzes bearbeitet.

Bevor nun die Paraden genauer besprochen werden, ist die nachgebende Zügelhilfe noch zu erwähnen. Sie ist die wichtigste Zügelhilfe und muß nach jeder Einwirkung der Zügel erfolgen. Das Nachgeben besteht aus einem Vorstreichen der Hand oder beider Hände in Richtung Pferdemaul. Dies kann zum Beispiel bei der Überprüfung der Selbsthaltung bis hin zu einem Durchhängen der Zügel führen. Bei allen nachgebenden Zügelhilfen ist es wichtig, daß die Anlehnung nie grundsätzlich aufgegeben werden darf. Das Nachgeben hat zum Ziel, die natürliche freie Haltung des Pferdes zu fördern und den Vortritt der Hinterbeine zuzulassen. Durch Nachgeben nach kurzer Einwirkung mit der Hand soll erreicht werden, daß das Pferd lernt, sich ohne Stütze selbst zu tragen. Kann dies nicht erreicht werden, ist eine richtige Versammlung nicht möglich.

Die Parade

Sie ist die wirksamste Einwirkungsmöglichkeit des Reiters, die aus dem Zusammenspiel der Hilfen entsteht. Die Arbeit mit Paraden ist nur dann sinnvoll, wenn die Voraussetzungen über Takt, Losgelassenheit, Anlehnung, Schwung und Geraderichtung unmittelbar gegeben ist. Die Parade ist die Einwirkung, mit der man das Gleichgewicht des Pferdes herstellt, die Schubkraft in Trag- und Federkraft umwandelt und je nach Ausbildung den Versammlungsgrad eines Pferdes steigern kann. Das Ziel ist das beliebig verfügbare Hinterbein, unter den Schwerpunkt tretend und jederzeit bereit, durch die Reiterhilfen entstehende Veränderungen anzunehmen. In der Grundausbildung des jungen Pferdes besteht die Parade in erster Linie im Zusammenwirken von Gewichtshilfen und annehmenden Zügelhilfen.

Man will ein Pferd zunächst durchparieren können, ohne daß man sofort erwartet, daß das Pferd mit der Hinterhand Gewicht aufnimmt und die Bewegung verzögert. Je nach Sensibilität des Pferdes besteht die erste Form der Parade in einem angemessenen Anziehen des Kreuzes und dem Durchhalten oder Annehmen beider Zügel. Hier schon, wie auch bei allen Verfeinerungen der Parade, muß darauf geachtet werden, daß das Verhältnis zwischen Kreuz- und Handeinwirkung so gestaltet wird, daß das Pferd seine dem Ausbildungsstand entsprechende Haltung nicht verliert. Wenn auch diese ersten Paraden vorläufig ein Auslaufen des Pferdes zur Folge haben, müssen bei diesem Vorgang der Parade Anlehnung und Haltung trotzdem konstant bleiben, um den Rücken in seiner natürlichen Funktion nicht zu stören. Dieses Anpassen des Reiters an das Pferd ist ausschließlich eine Frage der praktischen Übung unter Anleitung.

Mit der weiteren Grundausbildung des jungen Pferdes und der Verbesserung der Genickstellung entsteht die Möglichkeit der einseitigen Parade. Ist ein Pferd im Genick deutlich nach einer Seite gestellt, so erreicht man durch das Annehmen des äußeren Zügels eine deutlich stärkere Wirkung als durch das Durchhalten beider Zügel. Hat das Pferd verstanden, auf diese grundsätzliche Hilfengebung einzugehen, kann der Reiter mit der präziseren Ausführung einer Parade beginnen. Hierzu muß der Reiter wissen, daß die Parade in ihrer verfeinerten Form immer eine deutliche Wirkung auf das Hinterbein haben muß. Die parierende Wirkung auf das Hinterbein wird nur erreicht, wenn das Hinterbein unmittelbar auffußt. Die Zügelhilfe wirkt dabei immer nur auf den gleichseitigen Hinterfuß.

Das bedeutet, daß man zu einem Zeitpunkt nur ein Hinterbein parieren kann. Dies geschieht, indem der Reiter zu diesem Zeitpunkt durch Gegenhalten des gleichseitigen Zügels bei gleichzeitigem Anspannen des Kreuzes versucht, das Hinterbein länger am Boden zu halten. Das Pferd soll dabei veranlaßt werden, durch Beugen der Gelenke den Schub und Schwung zu absorbieren und mit verstärkter Federung wieder abzufußen. Sobald das Hinterbein abfußt, muß das Nachgeben der Hand erfolgen, da sonst der Vortritt des Hinterbeins behindert würde. Eine Parade erreicht also nur in einem kurzen Moment ihre Wirkung. Eine Verbesserung der Wirkung kann demzufolge nur durch Wiederholung der Parade erreicht werden. Dabei muß der Reiter immer darauf achten, den Takt und die Geraderichtung zu erhalten.

Bei der gesamten Arbeit mit Paraden müssen beide Hinterbeine gleichmäßig belastet werden. Diese Art Paraden werden immer beim Einfangen des Tempos gegeben, beim Durchparieren in eine niedere Gangart oder beim Durchparieren zum Halten. Die Verbesserung oder Korrektur von Takt und Anlehnung kann ebenfalls durch diese Parade erreicht werden. Dabei ist das Maß von Kreuzanspannung und Zügeleinwirkung immer von der Empfindlichkeit und vom Ausbildungsstand des Pferdes abhängig. Wichtig ist nur, daß man eine spürbare und sichtbare Reaktion des Pferdes erhält. Die Schenkelhilfen, sowie der gegenüberliegende Zügel haben immer die Aufgabe, die Geraderichtung des Pferdes zu erhalten.

Bei der anspruchsvollsten Form der Parade kommt es nun zum Zusammenspiel aller Hilfen, zur Abstimmung zwischen treibenden und verhaltenden Hilfen in ihrer feinsten Form. Durch genaue Kenntnisse des Bewegungsablaufs muß der Reiter in der Praxis lernen, bei einer Parade das jeweilige Hinterbein im Moment des Abfußens deutlich vorzuholen, damit es, dem Versammlungsgrad entsprechend, unter den Schwerpunkt tritt, um im folgenden Moment mit Kreuz und gleichseitiger Hand dasselbe Hinterbein beim nun folgenden Auffußen so abzufangen, daß es durch Beugen seiner Gelenke den Schub absorbiert und durch verstärkte Federung wieder abgibt.

Der erfahrene Reiter muß in der Lage sein, mit Paraden, durch kurze Folgen und wechselseitige Einwirkung das Hinterbein so zu mobilisieren, daß dies wie eine Antriebsfeder arbeitet und eine beliebige Verfügbarkeit von Schub-, Trag- und Federkraft entsteht. Das Pferd muß auf diese Weise lernen, jeden beliebigen Versammlungsgrad annehmen zu können und jede Veränderung von Tempo, Richtung und Gangart spannungsfrei zu kompensieren. Ein dritter Grad in der Koordination der Hilfengebung ist in diesem Zustand erreicht.

Die Hilfengebung bei der Ausführung einiger Lektionen

Das Schenkelweichen

Das Schenkelweichen ist eine lösende Übung, bei der das Pferd lernen soll, mit dem jeweils inneren Hinterfuß vorwärts-seitwärts überzutreten. Es löst sich, bei richtiger Ausführung, im Rücken und in der Hinterhand, und lernt vorwärts-seitwärts zu gehen. Als Voraussetzung für den Gehorsam am Schenkel und als Vorübung für die Seitengänge ist es eine Übung von Wichtigkeit, die solange geübt wird, bis das Pferd sicher darauf eingeht. Hat der Reiter das Prinzip verstanden, kann er sein Pferd mit dieser Art von Hilfengebung in allen Grundgangarten beim Verlust von Gleichgewicht und Geraderichtung wieder korrigieren.

Bei der Übung selbst soll das Pferd lernen, bei Stellung im Genick, in sich gerade, in einem Winkel von höchstens 45 Grad Abstellung, vorwärts-seitwärts zu gehen. Das Schenkelweichen auf diese Weise sollte nur im Schritt durchgeführt werden. Hierzu wird das Gewicht nach innen verlagert und der äußere Zügel hält Schulter und Hals des Pferdes gerade. Der innere Zügel stellt das Pferd im Genick, worauf dann der innere Schenkel nachdrücklich im richtigen Rhythmus treibt. Der innere Schenkel muß ein Vorwärts-Seitwärts-Treten der Hinterbeine erreichen. Sinnlos wird diese Übung, wenn ein Pferd aufgrund der Einwirkung des inneren Zügels vorwärts-seitwärts tritt. Es lernt allenfalls, falsch und schief über die äußere

1. Tag: Beginnendes Schenkelweichen, hier schon im Trab, bei noch geringer Abstellung. Das Pferd ist dabei in sich gerade und leicht zum vorwärts-seitwärts treibenden Schenkel gestellt.

Schulter auszuweichen. Der äußere Schenkel wirkt verwahrend, wenn die Hinterhand zu sehr seitwärts ausweicht. Durch die grundsätzlichen Hilfen muß erreicht werden, daß Takt und Anlehnung vor, während und nach dem Schenkelweichen erhalten bleiben.

Es kommt nicht so sehr darauf an, diese Übung entlang einer bestimmten Linie oder zwischen zwei Punkten auszuführen, sondern darauf, daß der Reiter lernt, mit Hilfe des Schenkelweichens sein Pferd in den Gehorsam zu bringen und damit Gleichgewicht und Geraderichtung zu verbessern. So reichen manchmal ein paar Meter Schenkelweichen, auch nach beiden Seiten wechselnd, aus.

1. Tag: Schenkelweichen bei genügender Abstellung, aber geringem Verwerfen im Genick.

Die Übergänge

Die Übergänge ergeben sich aus dem richtigen Treiben einerseits und dem richtigen Parieren andererseits. Je nach Erfordernis müssen die Hilfen deutlich durchkommen, ohne daß bei der Veränderung von Tempo oder Gangart Rhythmus, Takt und Fleiß verlorengehen. Bei den Übergängen innerhalb einer Gangart müssen die Gewichtshilfen und die Rückentätigkeit des Reiters Rhythmus und Frequenz der Gangart derart konstant halten, daß die Zügel- beziehungsweise Schenkelhilfen lediglich eine Veränderung des Raumgriffes bewirken. Die Geschmeidigkeit und Leichtigkeit der Übergänge lassen sich nur durch häufiges Wiederholen und Üben verbessern und erhalten.

Die Anzahl der Sprünge oder Tritte, die das Pferd für die verschiedenen Übergänge benötigt, läßt sich im Laufe der Ausbildung verkürzen. Dazu muß der Reiter in der Lage sein, die Übergänge durch deutliche und rhythmische Hilfengebung zu schulen, ohne das Pferd mit der Anzahl der für den Übergang benötigten Sprünge oder Tritte zu überfordern. Bei den Übergängen von einer Gangart zur anderen muß der Reiter die Bewegungsabläufe der Grundgangarten genau kennen. Das richtige Tempo und das richtige Maß an Schwung, entsprechend dem Ausbildungsstand des Pferdes, sind weitere entscheidende Voraussetzungen für ein Gelingen jedes Übergangs.

Für die Übergänge stehen immer nur bestimmte Phasen einer Gangart zur Verfügung. Alle Grundgangarten haben bestimmte Phasen gemeinsam, auf die sich der Reiter einstellen muß (*vgl. Skizzen im Kapitel Takt*). Übergeht der Reiter den Moment des natürlichen Überganges, so entsteht zwangsläufig eine Unregelmäßigkeit mit Verlust von Takt, Losgelassenheit und Haltung des Pferdes. Die präzise Ausführung all dieser Übergänge ist aber nur dann möglich, wenn man sich als Reiter, trotz der Kenntnis der technischen Abläufe, stets um Harmonie bemüht, wobei die weiche Einwirkung oft auf natürliche Weise zu einem weichen Übergang führt.

Das Rückwärtsrichten

Das Rückwärtsrichten ist zunächst eine reine Gehorsamsübung. Das Gewicht des Reiters muß dabei nach vorne genommen werden, um Rücken und Hinterhand des Pferdes zu entlasten, damit dem Pferd das Ausweichen nach hinten leichter gemacht wird. Beide Schenkel übernehmen dabei verwahrende Aufgaben, damit das Pferd möglichst von Anfang an auf gerader Linie zurücktritt. In dieser Ausbildungsphase kann die Hinterhand noch nicht zum exakten Rückwärtstreten veranlaßt werden. Der Zügel versucht durch wechselseitiges oder beidseitiges Annehmen die ersten Tritte nach hinten zu erreichen.

Dabei sollte er derart mit dem Maul des Pferdes spielen, daß das Pferd die Anlehnung beibehalten muß und die natürliche Haltung des Pferdes sich möglichst nur geringfügig verändert. Reagiert das Pferd nicht sofort, hat der Reiter die Möglichkeit, sein Pferd von unten leicht touchieren zu lassen oder es mit Stimme und Schenkel zur Bewegung zu motivieren, und dabei mit dem Zügel ein Vortreten zu verhindern. Durch das Zusammenspiel der Hilfen darf dem Pferd nur der Weg nach hinten offen gehalten werden.

Wie in jeder Lernphase spielt auch hier das Lob eine wichtige Rolle. Speziell beim Rückwärtsrichten muß der Reiter mit Ruhe und viel Geduld vorgehen, damit von Anfang an gesichert bleibt, daß es in Losgelassenheit und klaren, ruhigen Schritten erfolgt. Nur wenn ein Pferd gelernt hat, gleichmäßig ruhig und im Takt rückwärts zu treten, ist die Voraussetzung gegeben, das Rückwärtsrichten zu einer versammelten Lektion zu machen.

Hierbei spielt zunächst die Geraderichtung die größte Rolle, wobei die Schenkel nun deutlicher verwahren und deutlich korrigieren, sobald ein Ausweichen der Hinterhand entsteht. Durch vermehrtes Herantreiben an die Hand während der ganzen Parade, die dem Rückwärtsrichten vorausgeht, wird, je nach Ausbildungsstand, der Grad der Aufrichtung verbessert. Während des Rückwärtsrichtens kann man auch einen vermehrten Schenkeldruck ausüben, um die Aufrichtung des Pferdes zu erhalten. Auf gar keinen Fall darf man den Fehler machen, zu versuchen, die Aufrichtung des Pferdes durch Rückwärtsrichten zu erreichen oder mit der Hand herbeizuführen. Ziel der Arbeit sollte sein, daß das Pferd aus dem Halten heraus einfach der Verlagerung des Reiterschwerpunktes nach hinten folgt. Bei steigendem Ausbildungsstand des Pferdes kann man das Rückwärtsrichten nutzen, indem man es mit Übergängen kombiniert. Die Folge von Antraben-Halten-Rückwärtsrichten-Antraben oder etwa aus dem Galopp-Halten-Rückwärtsrichten und das erneute Angaloppieren sind Möglichkeiten, mit denen der Grad der Versammlungsfähigkeit deutlich verbessert werden kann, sofern man mit Ruhe und unter Beachtung des jeweiligen Taktes arbeitet, und das Pferd nicht überfordert.

Die Hinterhandwendung

Die Hinterhandwendung ist eine weitere versammelte Lektion und wird zunächst als Kurzkehrtwendung geübt. Als Voraussetzung hierzu muß der Reiter in der Lage sein, den Mittelschritt mit seinen Hilfen exakt reiten zu können. Er muß also Takt und Tempo erhalten können. Bei den ersten Versuchen einer Kurzkehrtwendung sollte der Reiter zunächst nicht auf die Größe der Kurzkehrtwendung achten, sondern vielmehr das gleichmäßige Weitertreten der Hinterhand erhalten. Dazu muß er in erster Linie mit beiden Schenkeln vortreibend wirken.

Zu Beginn jeder Wendung muß der Reiter sein Gewicht in jedem Fall aktiv nach innen verlagern. Nur dann kann das Pferd lernen, auch in der Wendung im Gleichgewicht zu bleiben und unter den Schwerpunkt zu treten. Beide Zügel sollen vor Beginn der Wendung eine Genickstellung nach innen erreichen. Tritt das Pferd weiterhin gut an die Hand heran, kann der Reiter nun in Verbindung mit seiner Gewichtsverlagerung eine nach innen-seitwärts-weisende Zügelhilfe geben. Beim Einsatz der Zügel muß der Reiter darauf achten, daß aus seiner Hand heraus immer eine Tendenz nach vorne erhalten bleibt. Von Anfang an soll das Pferd lernen, auch in den Wendungen auf der Hinterhand nach vorne und an die Hand zu treten. Erreicht der Reiter durch Festhalten beider Zügel oder durch Ziehen an einem der Zügel eine Rückwärtstendenz, so kommt es zum Ausweichen des Pferdes nach hinten oder zur Seite.

Die einzig sinnvolle Korrektur, neben dem treibenden und verwahrenden Schenkel, ist das Vortretenlassen des Pferdes ohne Beachtung einer Fortführung der Hinterhandwendung. Man kann auch nach einigen Schritten vorwärts die Wendung weiter fortsetzen. Man sollte in dieser Ausbildungsphase nie auf eine vollständige Ausführung der Hinterhandwendung an einem Punkt bestehen, sondern vielmehr darauf achten, von vornherein die richtigen Grundtendenzen zu erhalten.

Kann ein Pferd derart den Hilfen des Reiters folgen, so kann man den Durchmesser der Wendung allmählich verkleinern. Wichtig ist nur die Tendenz des Pferdes, vorwärts und an die Hand des Reiters treten zu wollen, sowie die Tendenz

2. Tag: Kurzkehrtwendung bei etwas tiefer Einstellung von Kopf und Hals. In der Arbeit ist dies teilweise positiv, um den Rücken locker zu halten. Extreme Einstellungen über das gezeigte Maß hinaus bringen das Pferd aus dem Gleichgewicht.

2. Tag: Kurzkehrt im Schritt bei guter Stellung. Eine Längsbiegung ist schon vorhanden. Der Reiter müßte sein Gewicht vermehrt auf den inneren Gesäßknochen verlagern.

des Reiters, mit Schenkel- und Zügelhilfen vorwärts zu wirken. Je kleiner die Wendung geritten wird, desto wichtiger wird die Einwirkung der beiden Schenkel zum Vortreiben der Hinterbeine unter den Schwerpunkt. Dabei kommt es zu einer immer deutlicher werdenden verwahrenden Einwirkung beider Schenkel, während sie vortreiben. Je kleiner die Wendung wird, um so mehr wird das Pferd versuchen, mit der Hinterhand seitlich

auszuweichen, um nicht unter den Schwerpunkt treten zu müssen. Das gilt auch, wenn der Durchmesser zu schnell verkleinert wird. Ist die Hand an dieser Entwicklung nicht schuld, so kann der Reiter beginnen, die Hinterhand des Pferdes mit den verwahrenden Schenkelhilfen vermehrt auf dem Punkt zu halten.

Es gibt bei der Hinterhandwendung des Pferdes insbesondere zwei markante Reaktionen. Die eine ist das Ausweichen des Pferdes mit der Hinterhand nach innen, oft schon als eine Art Vorwegnahme der Hinterhandwendung. Diese Pferde lassen sich häufig leicht biegen, weichen aber dafür mit dem Hinterbein der Last nach innen aus. Man kann beobachten, daß diese Pferde fast immer die gleiche Tendenz in den später folgenden Seitengängen haben. Die deutliche Konzentration des Reiters auf seinen inne-

2. Tag: Kurzkehrt bei guter Stellung und aktivem Hinterbein. Der Reiter knickt allerdings in der inneren Hüfte ein.

ren Schenkel und die äußere Hand können hier schon vieles für die spätere Weiterarbeit korrigieren. Andere Pferde, die in ihrer Längsachse etwas steifer sind, treten eher mit der Hinterhand nach außen. Dieses Verhalten wird man in den meisten Fällen ebenfalls in den Seitengängen beobachten können. Der Einsatz des äußeren Schenkels als verwahrender oder sogar vorwärts-seitwärts-treibender Schenkel ist im Zusammenhang mit dem inneren Zügel wichtig zur Korrektur. In jedem der beschriebenen Fälle ist eine Verbesserung nur bei entsprechender Vorwärtstendenz des Pferdes an die Hand möglich.

Eine gute Grundgaloppade mit gut gewinkeltem Hinterbein ohne Schwungverlust ist eine wichtige Voraussetzung für den verkürzten Galopp, aus dem sich der versammelte Galopp ergibt.

Allmählich kann man dazu übergehen, die Kurzkehrtwendung als Hinterhandwendung und später als halbe Pirouette zu erarbeiten. Der deutliche Unterschied der halben Pirouette zu den vorhergehenden Übungen liegt darin, daß man zunächst einen deutlicher kadenzierten Schritt erreicht. Dieser stellt sich erst verbessert dar, wenn das Pferd durch eine allgemeine Steigerung in seiner Selbsthaltung gefestigt ist und diese im Einklang mit dem entsprechenden Versammlungsgrad steht. Zusätzlich wird aus dem vormals nur im Genick gestellten Pferd ein in seiner Längsachse gebogenes Pferd.

Ist die Voraussetzung durch den Versammlungsgrad gegeben, kann man die halben Pirouetten durch die Verbesserung des versammelten Schritts erarbeiten, wobei die Haltung und der Takt die größte Rolle spielen. Über alle Formen der Biegearbeit muß in den Grundgangarten die entsprechende Längsbiegung erreicht werden. Takt, Haltung und Längsbiegung müssen auf die ursprüngliche Kurzkehrtwendung übertragen werden.

Der weitere Sinn der halben Pirouette liegt in der Steigerung der Versammlungsfähigkeit des Pferdes. Ist das Pferd in der Lage, die halbe Pirouette ordentlich auszuführen, kann man diese auch in der Arbeit intensiver anwenden. Eines der extremsten Beispiele ist es, an der langen Seite mit Trabverstärkungen zu beginnen, dann daraus eine halbe Pirouette zu reiten, wieder anzutraben oder - als Steigerung - sofort in die Trabverstärkung zu gehen. Diese Arbeit erfordert ein hohes Maß an Konzentration des Reiters. Er kann damit aber die Konzentrationsfähigkeit, den Versammlungsgrad und die Gewandtheit des Pferdes deutlich verbessern. Voraussetzung ist, daß diese Arbeit in Ruhe geschieht und gemäß dem Ausbildungsstand des Pferdes angemessen gesteigert wird.

Der Außengalopp

Der Außengalopp ist Steinbrechts klassische Lektion, um Geraderichtung und Versammlung des Pferdes im Galopp zu fördern. Als Voraussetzung ist es zumindest notwendig, daß ein Pferd zunächst gelernt hat, genügend kurz zu galoppieren. Ist es dazu nicht in der Lage, so kann es in den Ecken der Bahn nicht im Gleichgewicht bleiben. Einen entsprechenden Versammlungsgrad kann man in dieser Phase der Ausbildung nicht verlangen. Dieser soll ja gerade durch die Arbeit im Außengalopp erreicht werden.

Ein bestimmtes Maß an Versammlungsfähigkeit sollte aber als Voraussetzung hergestellt sein. Dies erreicht man insbesondere durch die Arbeit im Galopp auf ganzer Bahn und auf dem Zirkel. Aus dem Arbeitsgalopp entwickelt man das Zulegen und Einfangen des Galoppsprungs. Hierbei soll das

1. Tag: Als Vorbereitung auf den Außengalopp ist das Zirkel-Verkleinern im Galopp gut geeignet, um den inneren Hinterfuß zu aktivieren und unter den Schwerpunkt zu bekommen.

Pferd lernen, in unterschiedlicher Länge der Galoppsprünge zu arbeiten. Man beginnt diese Arbeit, wenn das Pferd gelernt hat, im Arbeitstempo ein Gleichmaß in der Bewegung und Anlehnung zu erhalten. Ist diese Voraussetzung nicht gegeben, kann das Pferd auch keine Veränderung der Sprunglänge kompensieren. Ein Versuch des Außengalopps kann in einer solchen Phase nur zu einem Rückschlag in der Ausbildung führen.

Aus dem geregelten Arbeitstempo muß das Pferd zunächst die Veränderung des Raumgriffs seiner Galoppade im Gleichgewicht lernen. Kleine kurze Intervalle von Zulegen und Einfangen, zunächst auf dem Zirkel, je nach Temperament des Pferdes, müssen zunächst dazu führen, daß es in die Lage versetzt wird, drei bis fünf Galoppsprünge verkürzt auszuführen, ohne Takt und Fleiß zu verlieren.

Ist es durch Wiederholung dieser Übung in der Lage, ein bis zwei verkürzte Galoppsprünge in Selbsthaltung auszuführen

1. Tag: Der innere Hinterfuß ist hier sicher unter dem Schwerpunkt. Dies ist ein wichtiges Kriterium des versammelten Galopps und damit Voraussetzung für die Arbeit im Außengalopp.

(überstreichen!), so kann man die Anzahl der verkürzten Galoppsprünge steigern. Als einfaches Maß dieser Anzahl sollte man in der Lage sein, etwa 15 Galoppsprünge verkürzt ausführen zu können, wobei Takt und Fleiß der Bewegung nicht verloren gehen dürfen. Dies ist der Fall, wenn man zu schnell zu viele Sprünge zu oft fordert. Grundlegend richtiges Treiben und richtiges Parieren des Reiters sind zwingende Voraussetzungen für diese Arbeit.

Sofern ein erstes Verkürzen und Versammeln des Galopps auf dem Zirkel möglich ist, muß diese Arbeit auch auf gerader Linie zum gleichen Ziel führen. Schon hier muß durch richtiges Verwahren mit dem innerem Schenkel und dem äußerem Zügel eine erste Stufe der Geraderichtung erfolgen. Eine weitere Steigerung und damit auch eine Verbesserung des Gleichgewichtsgefühls des Pferdes wird erreicht, wenn man auch auf dem zweiten Hufschlag oder weiter in der Bahn auf gerader Linie galoppiert. Die Anzahl der Galoppsprünge, etwa 15, in erwähntem Versammlungsgrad ausführen zu können, ist ein ungefähres praktisches Maß, da man voraussichtlich mit dieser Anzahl Sprünge über eine kurze Seite kommt, eben auch im ersten Versuch des Außengalopps. Hat man diese Voraussetzung erreicht, kann man mit der Vorbereitung des ersten Außengalopps beginnen. Verschiedene Möglichkeiten kommen in Frage. Davon haben sich folgende bewährt:

– Kehrtvolte aus der ersten Ecke der kurzen Seite, dabei ist darauf zu achten, daß man in möglichst spitzem Winkel auf den Hufschlag trifft und noch genügend Platz bis zur nächsten Ecke hat.

– Durch die halbe Bahn wechseln, dabei gilt entsprechendes für Reiter und Pferd wie bei der Kehrtvolte. Oft ist eine Mischform beider Übungen angebracht, um das Pferd auf möglichst einfacher Linie mit möglichst geringem Schwierigkeitsgrad in den Außengalopp zu bringen. Wichtig ist in der Praxis, daß der Reiter neben diesen Voraussetzungen das Pferd auf gerader Linie an den Hufschlag bringt, er muß also selbst den Überblick über die Bahn behalten.

– Die dritte Möglichkeit ergibt sich, wenn man als Voraussetzung zum Außengalopp zusätzlich den Einfachen Galoppwechsel geübt hat. Aus sicherem Treiben und Parieren ergibt sich sowohl das richtige Angaloppieren aus dem Schritt wie auch das richtige Durchparieren zum Schritt. Oftmals werden aber auch Außengalopp und Einfacher Wechsel etwa zeitgleich ausgebildet, man sollte hier kein Schema aufstellen. In jedem Fall erleichtert der Einfache Wechsel die Arbeit am Außengalopp. Man kann durch ihn, auf erstem oder zweitem Hufschlag, schon gleich im Außengalopp angaloppieren und dessen Länge besser bestimmen. Zudem kann man als Zwischenstufe zunächst nur an den langen Seiten der Bahn im Außengalopp bleiben. Häufiger Einfacher Wechsel zwischen Handgalopp und Außengalopp erhöht die Konzentrationsfähigkeit des Pferdes.

Geht man nun dazu über, den Außengalopp auch durch die Ecken der kurzen Seite zu üben, muß man, wie in der ganzen Ausbildung, am Anfang mit wenig zufrieden sein. Das Durchreiten einer Ecke ist schon ein Erfolg. Das Pferd braucht Zeit, sich an diese ungewöhnliche Art der Galoppade zu gewöhnen, da sie von Natur aus gegen den Gleichgewichtssinn des Pferdes steht. Von Anfang an muß der Außengalopp, wie alle Lektionen, immer gleich häufig auf beiden Händen geübt werden, damit beidseitige Gymnastik und Geraderichtung erreicht und erhalten bleiben.

Bei sicherer Anwendung der treibenden und verwahrenden Schenkelhilfen ist die richtige Gewichtsverlagerung sehr wichtig. Das Vorschieben der inneren Hüfte und die Verlagerung des Schwerpunktes nach innen werden durch die Verschiebung des Gesäßes

1. Tag: Beginn der Arbeit im Außengalopp. Das Tempo ist hier zu frei. Dadurch entsteht die Überlastung des linken Vorderbeins. Das Pferd kann das Gleichgewicht so nicht finden.

erreicht, nicht etwa durch die des Oberkörpers. Sie ist dann sinnvoll, wenn der Reiter elastisch, aber still und konstant sitzen bleibt, damit das Pferd den Schwerpunkt auch bei jedem Auffußen nach der Schwebephase an derselben Stelle finden kann. Ist der Reiter hierzu nicht in der Lage, kann er dem Pferd nur Gleichgewicht nehmen, aber nicht geben.

Die Zügelhilfen haben im Außengalopp eine sehr wichtige Funktion. Man kann hier nämlich viel mehr falsch machen als etwa beim Geradeausreiten. Das Pferd soll im Genick zum Galoppsprung hin nach innen gestellt sein. Die Einwirkung des inneren Zügels muß, trotz des Einstellens des Genicks nach innen, immer wieder das Vorspringen der inneren Vorhand und der inneren Schulter zulassen. Hält der Reiter am inneren Zügel fest, kann er mitunter zwar erreichen, daß das Pferd den Außengalopp für eine oder zwei Ecken aufrechterhält, aber er bringt das Pferd immer aus dem Gleichgewicht. Das Pferd fällt über die äußere Schulter (die nach dem Bahninneren gerichtete Schulter), kommt, von vorn betrachtet, dadurch in eine Schräglage der Vorhand, die es mit starkem Beschleunigen quittiert, um aus dieser mißlichen Lage herauszukommen.

Der äußere Zügel ist dagegen viel wichtiger. Er darf das Genick zwar nicht in seine Richtung stellen, muß aber, im Einklang mit dem inneren Zügel, die äußere Schulter des Pferdes so weit nach innen bringen, daß das Pferd, trotz Stellung im Genick, in sich gerade ist, sowohl auf gerader Linie als auch in der Ecke. Auf diese Weise kann der äußere Zügel in den Ecken auch einmal eine deutliche Stütze geben.

Die richtigen Voraussetzungen bei der Ausbildung des Pferdes und die korrekte Anwendung der Hilfen führen dazu, daß jedes Pferd dieses Stadium des Außengalopps erreichen kann. Nur große Mängel im Temperament oder im natürlichen Bewegungsablauf oder im Exterieur können dies verhindern. Deshalb ist es um so notwendiger, daß man die jeweiligen Voraussetzungen für die Ausführung einer Lektion sicher erreicht oder überprüfen läßt. Auch wenn man dadurch feststellt, daß weitere Steigerungen in der Aus-

bildung des Pferdes unter diesen Umständen nicht möglich sind, vermeidet man so zumindest Schmerz und rapiden Verschleiß oder auch das Zunichtemachen des bis dahin Erreichten.

Eine weitere Steigerung der Zielsetzung durch den Außengalopp erreicht man nun, indem man während des Außengalopps die geraderichtende Arbeit beginnt. Ist man in der Lage, Takt und Tempo des Außengalopps zu erhalten und ist eine Grundkondition erreicht, so kann man beginnen, das Pferd im Außengalopp in seiner Längsachse flexibler zu machen. Diese Arbeit darf aber nur auf der geraden Linie ausgeführt werden nicht etwa in den Ecken. Man kann mit dem inneren Schenkel zeitweise die Hinterhand in die Bahn schieben. Zeitweise kann man mit dem äußeren Zügel auch die gesamte Schulter näher an die Wand schieben, die Hand leicht in Richtung zur Wand weisend, um der natürlichen, vom Pferd gerne eingenommenen traversartigen Abstellung im Galopp durch derartige gymnastische Übungen entgegenzuwirken. Es entsteht Beweglichkeit, verbessertes Gleichgewicht und die Ausrichtung von Vor- und Hinterhand auf einer Linie.

Dies ist das Ziel, aber auch eine Möglichkeit, ein Pferd besser zu versammeln. Übt man mit dieser Gymnastik auf dem zweiten Hufschlag oder verknüpft man den Außengalopp mit anderen Lektionen, wie etwa Volten, kann man, unter der Voraussetzung richtiger Hilfengebung, ein gewandtes Pferd erhalten – biegsam, aber immer geradegerichtet.

Die letzte Steigerung der Arbeit im Außengalopp besteht darin, die Versammlungsfähigkeit des Pferdes zu verbessern. Im Grunde besteht diese Arbeit in erster Linie im Zulegen und Einfangen, deutlicher und immer präziser, um das Pferd in alle Richtungen hin beweglich und durchlässig zu machen, also grundsätzliche Versammlung und Flexibilität im Annehmen von beliebigen Versammlungsgraden herzustellen. Das Verkleinern im Ausreiten der Ecken, zu Beginn der Ausbildung noch äußerst großzügig zu handhaben, muß letztlich dazu führen, daß ein Grad erreicht wird, in dem das Pferd ohne den Verlust von Takt, Schwung oder Gleichgewicht derart eng in die Ecken geritten werden kann, daß ein deutliches Setzen der Hinterhand als Folge der gesamten Vorarbeit zustande kommt. Ein derartiges Setzen der Hinterhand ist bei richtigem Einsatz der verschiedenen Übungen und dem richtigen Aufbau möglich und kann schon als wegweisende Arbeit in Richtung Pirouette und Piaffe gesehen werden.

Hilfsmittel

Es gibt im Grunde nur sehr wenige Hilfsmittel, die die Ausbildung im klassischen Sinn sinnvoll unterstützen. Sehr viele Neuerungen, insbesondere auf dem Gebiet der Hilfszügel und bei der Vielfalt der Gebisse, sind gar keine Neuerungen oder gar das Resultat neuerer Erfahrungen, sondern oft uralt. Hochwirksame Verbesserungen für die Pferdeausbildung sind in der Regel durch die meisten Hilfsmittel nie zustande gekommen.

Auch bei sogenannten Übergangslösungen täuschen sich die Anwender fast immer selbst und haben, bei nüchterner Betrachtung, doch nichts erreicht. Die negativen Auswirkungen übertreffen immer eine, vielleicht erreichbare Verbesserung, insbesondere, wenn gerade ungeschulte Reiter Hilfsmittel in die Arbeit einbeziehen, um eigene Fehler zu kaschieren. Nachteilige Wirkungen macht man sich oft nicht bewußt oder will sie nicht sehen. Es bleiben nur wenige Hilfsmittel übrig, die diesen Namen auch verdienen.

Der Sporen

Der Sporen ist aus der Arbeit nicht wegzudenken, wenn er richtig angewandt wird. Er soll den Schenkel in seiner Wirkung verfeinern, fordert aber als Voraussetzung die grundsätzlich richtige Anwendung der Schenkelhilfen aus einem losgelassenen Sitz des Reiters. Der Sporen kann unmittelbar nach der Anreitephase die Ausbildung des Pferdes unterstützen, sofern nicht eine übermäßige Empfindlichkeit des Pferdes einen Gebrauch vorübergehend verhindert. Für die Mobilisierung eines Pferdes in allen Ausbildungsstufen ist der Sporen früher oder später notwendig.

Die Gerte

Die Gerte ist in der Ausbildung eine sehr wertvolle Hilfe. Sie unterstützt die treibenden Hilfen, sie sensibilisiert das Pferd und soll darüber hinaus, ähnlich den Sporen, einen Reflex auslösen, der das Pferd zu einer verbesserten Reaktion der Hinterhand veranlaßt. Ist die Gerte zunächst Auslöser von Angstzuständen beim Pferd, so muß das Pferd, durch den sehr feinen Gebrauch der Gerte, zunächst von der positiven Hilfe der Gerte überzeugt werden. Es kann oft lange dauern bis das Pferd seine Angst verliert, und eine positiv umsetzbare Reaktion auf die Gerte erreicht wird.

Auch von unten, als Touchierhilfe, ist die Gerte dann eine wertvolle Hilfe, etwa bei der Handarbeit. In jedem Fall ist immer der feine Gebrauch der Gerte gemeint, der genau das richtige Maß an Reaktion beim Pferd auslöst. Deshalb sind die richtige Anwendungsstärke und der exakte Zeitpunkt, genau wie beim Treiben mit den Schenkeln, Voraussetzungen für den sinnvollen Gebrauch der Gerte.

Der Schlaufzügel

Der Schlaufzügel ist ein Instrument, mit dem der Reiter Haltung und Beizäumung des Pferdes nach oben begrenzen kann. Dadurch, daß der Reiter das Maß des Schlaufzügels während der Arbeit dauernd verändern kann, ist es möglich, den Hilfszügel unmittelbar jeder vorkommenden Situation anpassen.

Seine eigentliche Funktion liegt darin, je nach Erfordernis und Versammlungsgrad zu verhindern, daß das Pferd über den Zügel kommt. Auf gar keinen Fall darf es mit dem Schlaufzügel so eng gemacht werden, daß der Kopf hinter die Senkrechte kommt und das Pferd hinter den Zügel gerät. Rollt es sich auf diese Art und Weise auf, so entzieht es sich damit allen Hilfen. Die Möglichkeit, sich vorwärts-abwärts zu dehnen, darf dem Pferd durch den Schlaufzügel nicht genommen werden. Geht das Pferd gegen den Zügel, kann der Reiter auch mit dem Schlaufzügel einmal durchhalten, sofern er die Gewichtshilfen und die treibenden Hilfen nicht vernachlässigt. Insofern kann der Schlaufzügel für schwächere Reiter sehr sinnvoll sein. Weitere Einwirkungen mit dem Schlaufzügel sind sinnlos und für die Ausbildung von Nachteil.

Die Zäumung

Die Grundausbildung eines Pferdes sollte immer mit klassischer Zäumung erfolgen, was bedeutet, daß ein Trensenzaum mit Reithalfter und einfacher Wassertrense Verwendung finden sollte. Seit jeher ist das Hannoversche Reithalfter aufgrund seiner Wirkung auf den Nasenrücken des Pferdes ein gut wirksames Hilfsmittel für die Grundausbildung.

Aufgrund der Veränderung des modernen Reitpferdetyps hin zu edleren Köpfen mit feineren Mäulern und empfindlicheren Nasenrücken hat das Kombinierte Reithalfter im allgemeinen dem Hannoverschen Reithalfter gegenüber den Vorteil, daß es die Einwirkung feiner und weicher auf das Pferdemaul überträgt. Durch die Kombination von zwei Riemen hält es das Maul besser geschlossen als das Hannoversche Reithalfter. Dieses wirkt häufig zu scharf und erzeugt manchmal mehr Widerstand im Maul als Nachgiebigkeit im Genick.

Je nach Beschaffenheit des Mauls sollte nur eines dieser beiden Reithalfter Verwendung finden, es sei denn, daß spezielle Umstände andere Möglichkeiten der Zäumung notwendig machen, wobei man sich darüber klar sein muß, daß spezielle Schwächen des Pferdes damit zwar kaschiert werden können, aber nicht grundsätzlich behoben werden.

Bei der Wahl des richtigen Gebisses hat die gebrochene Wassertrense den Vorteil, daß aufgrund des Gelenkes in der Mitte die einseitige Zügelhilfe auf die gleichseitige Lade wirkt, ohne die andere Seite zu beeinflussen. Dem modernen Reitpferdetyp angepaßt gibt es als sinnvolle Neuerung das doppelt-gebrochene Wassertrensengebiß, welches sich mit gleicher Wirkung dem Maul des Pferdes noch besser anpaßt. Es ist auch akzeptabel, die Dicke des Gebisses der Empfindlichkeit des jeweiligen Pferdemauls anzupassen.

Der Gebrauch von anderen Gebissen, auch Hebelgebissen, ist in der Grundausbildung des Pferdes nicht sinnvoll, weil der Reiter ihre stärkere Wirkungsweise im Maul nur schwer beurteilen kann. Die mechanische Wirkung von „scharfen Gebissen" oder Hebel- gebissen ist oft so viel größer als bei der normalen Zäumung, daß unbemerkt das richtige Zusammenspiel aller Hilfen gestört wird. Da in der Ausbildung des Pferdes die treiben- den Hilfen immer vorherrschen müssen, kann es auf diese Weise vorkommen, daß die schärfere Zügeleinwirkung eine willigere Hals- und Genickbiegung zur Folge hat. Das Pferd erscheint in Selbsthaltung und dem entsprechenden Versammlungsgrad. Die Arbeit an Hinterhand und Rücken wird dann aber derart vernachlässigt, daß eine echte Ver- sammlung, die aus der Umwandlung von Schubkraft in Tragkraft besteht, nicht zustande kommt und somit dem Pferd eine echte Selbsthaltung nicht möglich ist. Das eigentliche Ziel der Ausbildung wird auf diese Weise nicht erreicht.

V. Training

In der gesamten Arbeit mit dem Pferd spielt auch das Training eine wichtige Rolle. Genau wie bei jedem Sportler sind auch bei der Arbeit mit dem Pferd die Aspekte des Trainings nicht zu unterschätzen. Die Ziele des Trainings im allgemeinen, die Voraussetzungen und die Durchführung sollen hier spezifisch für die Arbeit von Pferden während der Grundausbildung aufgezeigt werden.

Auf das Pferd bezogener Aufbau des Trainings nach dem Grad der Wichtigkeit:

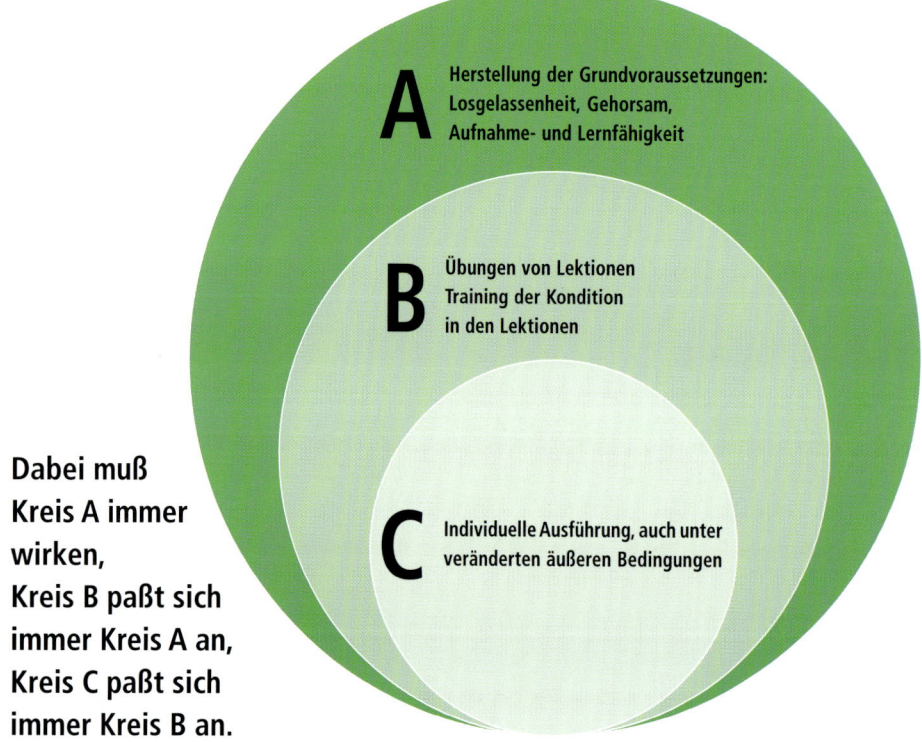

A Herstellung der Grundvoraussetzungen: Losgelassenheit, Gehorsam, Aufnahme- und Lernfähigkeit

B Übungen von Lektionen Training der Kondition in den Lektionen

C Individuelle Ausführung, auch unter veränderten äußeren Bedingungen

Dabei muß Kreis A immer wirken, Kreis B paßt sich immer Kreis A an, Kreis C paßt sich immer Kreis B an.

Mit sinnvollem Training erreicht man:

- Vergrößerung der Muskelmasse
- Vergrößerung der Kraft
- Vergrößerung der Lunge und des Herzens
- Vergrößertes Atemvolumen
- Vermehrung des Sauerstoffes im Blut
- Vergrößerung der Blutmasse
- Verbesserung der Widerstandsfähigkeit
- bessere Funktion des Nervensystems
- besseres Verarbeiten von Umwelteinflüssen

Die Ziele der Verbesserungen durch sinnvolles Training

- Kraft
- Ausdauer
- Koordination
- Geschicklichkeit
- Gewandtheit
- Beweglichkeit des Pferdes

Kraftausdauer braucht vor allem das Dressurpferd, um über einen längeren Zeitraum Lektionen und Übungen in wechselnder Folge ausführen zu können. Das Springpferd zum Beispiel benötigt neben einem allgemeinen Grundlagentraining eine spezielle Trainingsmethode zur Erreichung einer Maximalkraft, um hohe Sprünge und schnelle Tempowechsel ausführen zu können. Ausdauer und Kondition werden von Vielseitigkeitspferden und Distanzpferden am extremsten benötigt. Koordination, Geschicklichkeit und Beweglichkeit des Pferdes fördert man am besten durch Übungen und Lektionen der bestehenden Reitlehre, wobei die Verbesserung dieser Eigenschaften durch Abwechslung sowie durch stetige Veränderung der äußeren Einflüsse erreicht wird.

Kondition und Schnellkraft sind die Trainingsziele für den Vollblüter im Rennsport. Doch auch Vielseitigkeitspferde müssen durch Konditionstraining Kraft aufbauen, um den Anforderungen der Cross-Strecke standzuhalten.

Vorschlag eines Trainingsplans für Vielseitigkeitspferde

Montag   Dressurreiten ────┬── lösende Arbeit
                             ├── Arbeit an der Durchlässigkeit
                             └── Lektionen

anschließend Schrittreiten

Dienstag   Galopparbeit ────┬── 15-20 min. Trab
                           ├── Galopptraining ────┬── 4 x 500 m/Tempo 450 m/min
                           ├── 15-20 min. Trab   ├── Steigerung der Häufigkeit
                           └── 1 Stunde Schritt   ├── Steigerung der Entfernung
                                                  └── Steigerung der Geschwindigkeit

anschließend Schrittreiten

Mittwoch   Springgymnastik ──┬── lösende Arbeit
                           ├── Arbeit an der Durchlässigkeit im leichten Sitz
                           └── Springgymnastik ──┬── Reihen
                                                  ├── Distanzen
                                                  └── Parcoursausschnitte

anschließend Schrittreiten

Donnerstag   Dressurreiten ────┬── lösende Arbeit
                           ├── Aufgabenausschnitte
                           └── Aufgabenreiten

anschließend Schrittreiten

Freitag   Galopparbeit ────┬── Schwerpunkt Gelände ── siehe oben
                           │   oder
                           └── Schwerpunkt Rennbahn - Temporeiten

anschließend Schrittreiten

Samstag   Springen ────────┬── Parcoursspringen
                           └── Springen von Geländehindernissen

anschließend Schrittreiten

Sonntag   lösende Dressurarbeit
                     Spazierenreiten

Eine Gefahr beim Training und bei der Ausbildung ist immer das Übertrainieren. Es macht sich bei Pferden dadurch bemerkbar, daß diese Pferde sowohl optisch an Schönheit verlieren, als auch in ihrer Leistung plötzlich stark abfallen, lustlos und müde werden und manchmal sogar nicht mehr richtig fressen. Die Folgen sind oft Zerstörung von Muskelgewebe, Sehnenzerrungen, Gelenkentzündungen, Überdehnung von Sehnen und Bändern oder gar ein Kreislaufkollaps des Pferdes.

Im schlimmsten Fall kann es zu bleibenden Schäden an Herz und Lunge oder am Bewegungsapparat kommen. Die klassischen Verschleißerscheinungen wie Spat und Hufrolle haben fast immer ihre Ursache in falschem, unregelmäßigem oder zu extremem Training. Auch muß das Training dem Pferd und dem Ausbildungsziel angepaßt sein. Die meisten Pferde werden nicht in den Prüfungen, sondern im Training verschlissen.

Vorschlag eines Trainingsplans für Springpferde

Montag	Dressurreiten	lösende Arbeit
		Verbesserung der Durchlässigkeit (Rücken)
		Schrittreiten
Dienstag	Springgymnastik	lösende Arbeit
		Arbeit im leichten Sitz
		Gymnastikreihen
Mittwoch	Dressurreiten	lösende Arbeit
		Verbesserung der Durchlässigkeit (Rücken)
		Konditionsarbeit im leichten Sitz
Donnerstag	Springarbeit	lösende Arbeit
		Parcoursausschnitte
		Distanzen
Freitag	Dressurarbeit	lösende Arbeit
		Arbeit im leichten Sitz
		Tempowechsel und Wendungen im Galopp
Samstag	Springarbeit	lösende Arbeit
		einzelne Sprünge
		Parcours
Sonntag	Spazierenreiten	

Die Voraussetzung für ein sinnvolles Training in Verbindung mit der Ausbildung ist eine richtige Einschätzung des Pferdes. Die grundsätzliche Eignung des Pferdes sollte in Zusammenarbeit mit dem Ausbilder festgestellt und immer wieder neu überprüft werden. Nur dann kann eine sinnlose Überforderung des Pferdes vermieden werden.

Eine weitere Voraussetzung ist die Gesundheit des Pferdes. Alter und Ausbildungsstand sowie das Wachstum, speziell des jungen Pferdes, müssen beim Training berücksichtigt werden. Zur Schonung des Pferdes soll erreicht werden, daß das Pferd lernt, seine Aufgabe mit möglichst geringem Kraftaufwand, aber effektiv zu erfüllen. Je mehr

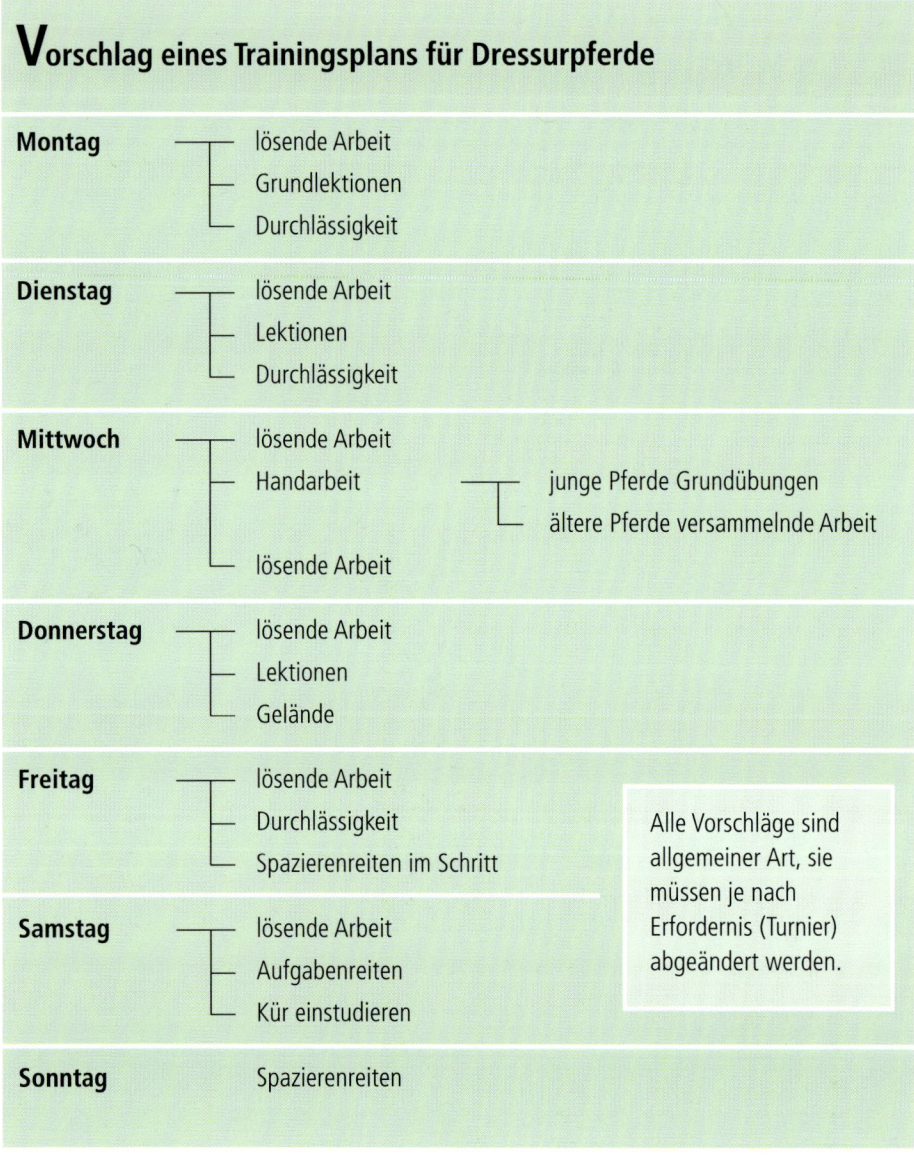

Vorschlag eines Trainingsplans für Dressurpferde

Montag
- lösende Arbeit
- Grundlektionen
- Durchlässigkeit

Dienstag
- lösende Arbeit
- Lektionen
- Durchlässigkeit

Mittwoch
- lösende Arbeit
- Handarbeit
  - junge Pferde Grundübungen
  - ältere Pferde versammelnde Arbeit
- lösende Arbeit

Donnerstag
- lösende Arbeit
- Lektionen
- Gelände

Freitag
- lösende Arbeit
- Durchlässigkeit
- Spazierenreiten im Schritt

Samstag
- lösende Arbeit
- Aufgabenreiten
- Kür einstudieren

Sonntag
- Spazierenreiten

Alle Vorschläge sind allgemeiner Art, sie müssen je nach Erfordernis (Turnier) abgeändert werden.

man Auffassungsgabe und Intelligenz anspricht, desto eher wird das Pferd lernen, bei wenig Kraftvergeudung gut zu arbeiten. Dadurch wird physischer und pferdepsychischer Streß vermieden. Die Reflexe des Pferdes zu nutzen ist kraftsparender und führt schneller zum Erfolg als der Versuch, sich mit starker Einwirkung und viel Kraft durchzusetzen.

Der Aufbau des Trainings sollte, parallel zur Ausbildung des Pferdes, im allgemeinem in den drei bekannten Phasen erfolgen:

  I. Lösephase

 II. Arbeits- und Lernphase

III. Löse- und Beruhigungsphase

Es gibt eine Reihe von verschiedenen Möglichkeiten des Trainings. Unter Berücksichtigung der natürlichen Veranlagung des Pferdes eignet sich in der Grundausbildung im allgemeinen eine Intervalltrainingsmethode am besten.

Die Intervalltrainingsmethode

Bezogen auf die Grundausbildung bedeutet Training, zunächst mit wenigen und kurzen Intervallen zu beginnen. Diese Intervalle sind beispielsweise am Anfang nur drei bis fünf Minuten lang. Bei der Anzahl beschränkt man sich auf zwei bis drei Intervalle pro Trainingstag. Intervall bedeutet in jedem Fall einen steten Wechsel zwischen Belastung und Entlastung. Der Rhythmus der Intervalle muß für jedes Pferd individuell gefunden, und in der Ausbildung ständig neu angepaßt werden.

Die Inhalte der einzelnen Intervalle werden, unter Berücksichtigung von Psyche, Fortschritt, Alter und Ausbildungsstand des Pferdes, mit den Lektionen und Übungen der bestehenden Reitlehre ausgefüllt. Im Verlauf der Ausbildung werden die Intervalle länger und ihre Anzahl erhöht sich automatisch. Besondere Rücksicht muß auf das noch wachsende Pferd genommen werden. Wachstumsschübe, Krankheiten oder Verletzungen können dazu führen, daß das Training zeitweise ganz eingestellt werden muß. Der bei solchen Pausen entstehende Rückstand darf nur vorsichtig wieder aufgeholt werden.

Muskeln lassen sich zwar sehr schnell trainieren und aufbauen, Sehnen, Bänder und Gelenke dagegen lassen sich nur langsam der Leistungsfähigkeit der Muskulatur anpassen. Wo in der Muskulatur das Training schon nach acht bis zehn Wochen zu sichtbarem Erfolg führt, brauchen Sehnen, Bänder und Gelenke ein Mehrfaches an Zeit. Erst das vernünftige Maß an Training über Jahre hinweg führt zu konstanter Gesunderhaltung des Pferdes. Plötzliche Überforderungen haben oft bleibenden Schaden zur Folge.

Das Temperament sowie der Blutanteil eines Pferdes haben großen Einfluß auf die Trainingsarbeit. Während Vollblüter und Pferde mit viel Temperament relativ schnell zu konditionieren sind, gibt es Pferde, deren Kondition wegen ihrer Mentalität oder ihres geringen Blutanteils nur langsam und mit mehr Vorsicht aufzubauen ist. Dies ist vor allem dann wichtig zu berücksichtigen, wenn das Training durch Krankheit oder aus anderen Gründen unterbrochen worden ist.

Beachtet man die angeführten Punkte, erkennt man die Übereinstimmung des Begriffes Training mit der Skala der Ausbildung des Pferdes:

I. Taktmäßiges Reiten fördert Kondition und Ausdauer.

II. Die Losgelassenheit und Zufriedenheit des Pferdes ermöglicht die Verbesserung von Koordination, Lern- und Aufnahmefähigkeit.

III. Die Anlehnung fördert die körperliche Koordination.

IV. Der Schwung verbessert die Geschicklichkeit und Beweglichkeit des Pferdes.

V. Das Geraderichten verbessert die Gewandtheit und Beweglichkeit des Pferdes.

VI. Die versammelnde Arbeit mit dem Pferd entwickelt dessen Ausdauer und beliebig einsetzbare Kräfte, die der Reiter leicht koordinieren kann.

VI. Bewegungen des Pferdes

Der Schritt

Der Schritt ist ein Viertakt in acht Phasen. Er soll von Natur aus raumgreifend, fleißig und schreitend sein. Der Viertakt spielt bei der Beurteilung des Schrittes die größte Rolle. Nur wenn die vier Hufe des Pferdes nacheinander auffußen ist der Viertakt grundsätzlich gegeben. Nun muß man erkennen, daß deutlich nach dem Abfußen eines Hinterbeins das gleichseitige Vorderbein abfußt. Nach dem Abfußen eines Vorderbeins fußt das diagonale Hinterbein ab. Je deutlicher das gleichseitige Beinpaar auch gleichzeitig ab- und wieder auffußt, desto mehr spricht man von pass-artigem Schritt. Die Ursache liegt oft in einem kurzen, festgehaltenen Rücken oder erheblichen Verspannungen im Rücken. Auch ein zu labiler Rücken kann die Ursache für einen pass-artigen Schritt sein. Krankheiten des Pferdes, wie leichte Ataxien oder Verwurmung, können aber auch die Ursache sein. Pferde, die eine natürliche Veranlagung zum pass-artigen Schritt haben, sind oft gar nicht zu korrigieren. Das richtige Sitzen und Mitgehen mit der Bewegung (*vgl. Kapitel Sitz*) ist die beste Voraussetzung zur Korrektur und Erhaltung eines guten Schrittes, wobei die Hand des Reiters eine entscheidende Rolle spielt.

Der Raumgriff des Schrittes ist sehr abhängig vom Exterieur des Pferdes. Eine steile Schulter, ein zu langer Rücken, eine gerade Kruppe, oder auch ein zu gering gewinkeltes Hinterbein können den Raumgriff natürlich begrenzen. Das Temperament spielt oft auch eine wichtige Rolle. Ruhige, teilweise phlegmatische Pferde gehen meistens mit größerem Raumgriff als nervige Pferde. Zu ruhige Pferde neigen auch eher zu pass-artigem Schritt und müssen dann bei richtigem Mitgehen mit der Bewegung und durch richtiges Treiben des Reiters lebhaft und fleißig gemacht werden. Nervöse Pferde müssen noch stärker mit sicherer Anlehnung am Schenkel geritten werden. Solche Pferde sollte man nicht etwa ohne Schenkeleinwirkung reiten, da man auf diese Weise zwar für den Moment den Schritt beruhigen kann, aber nie zu einer Kontrolle kommt. Sie müssen sich an der permanent ruhigen Hilfe beruhigen und abgelenkt werden, bis Takt und Frequenz ein Maß erreichen, aus dem ein guter Raumgriff wieder möglich ist.

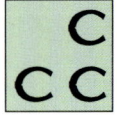

Wichtige Phasen im Schritt:
Dreibeinstütze

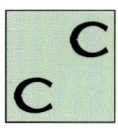

Diagonale Zweibeinstütze

Im allgemeinen wird der Raumgriff, insbesondere beim Mittelschritt, überbewertet. Im Mittelschritt sollen die Hinterfüße eine Handbreit vor dem gleichseitigen Vorderfuß auffußen. Im Starken Schritt soll es deutlich mehr sein. Im Versammelten Schritt soll das Pferd mit den Hinterfüßen hinter die Hufspur oder maximal in die Hufspur der Vorderfüße treten. Will man die drei Tempi des Schritts, nämlich Mittelschritt, Starken Schritt und Versammelten Schritt, beurteilen, so ist der absolute Raumgriff weniger wichtig als die Fähigkeit des Pferdes, den Raumgriff zu verändern, ohne den Takt zu verändern. Der Fleiß und die natürliche Frische im Schritt sollen in allen Tempi erhalten bleiben.

Der Schritt in Kurzform

Der Schritt ist ein Viertakt in acht Phasen. Er soll raumgreifend, fleißig und schreitend sein. Das richtige Sitzen und Mitgehen mit der Bewegung ist die beste Voraussetzung zur Erhaltung eines guten Schrittes, wobei die Hand des Reiters eine entscheidende Rolle spielt.

Im Mittelschritt sollen die Hinterfüße eine Handbreit vor dem gleichseitigen Vorderfuß auffußen. Im Starken Schritt soll es deutlich mehr sein. Im Versammelten Schritt soll das Pferd mit den Hinterfüßen hinter die Hufspur oder maximal in die Hufspur der Vorderfüße treten.

Das Schreiten, als letztes Kriterium des Schrittes, ist dann gegeben, wenn das richtige Verhältnis von Takt, Raumgriff und Fleiß individuell in jedem Tempo hergestellt ist. Das Schreiten kommt natürlich im Starken Schritt am stärksten zum Ausdruck, muß aber auch im Versammelten Schritt stets sichtbar bleiben. Die Qualität des Schrittes ist natürlich immer von dem individuellen Bewegungsablauf eines Pferdes abhängig. Der schöne Ausdruck der Bewegung ist trotz korrekter Ausführung vom jeweiligen Pferdematerial abhängig. Durch das Fehlen einer Schwebephase hat man als Reiter nur wenig Einfluß auf Ausdruck und Kadenz im Schritt. Es ist auch eine Frage des Geschmacks. Das sinnvolle und richtige Maß der Bewegung kann aber für jedes Pferd individuell bestimmt werden.

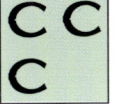
Dreibeinstütze

Laterale Zweibeinstütze

Der Trab

Der Trab ist eine Bewegung im Zweitakt in vier Phasen. Das diagonale Beinpaar fußt gleichzeitig auf und ab. Zwischen jedem Auffußen und Wiederabfußen liegt eine Schwebephase. Der Trab sollte von Natur aus raumgreifend, schwungvoll und fleißig sein. Im allgemeinen kann es beim Trab nicht zu elementaren Takt- und Gangartfehlern kommen. Besondere Unterschiede gibt es im von Natur aus mehr oder weniger vorhandenen Fleiß. Dabei kann das Pferd im Gang schleppend sein oder im Gegensatz dazu zu eilig. Die natürliche schwingende Tätigkeit des Rückens kann mehr oder weniger ausgeprägt sein. Dies führt dazu, daß das Pferd den Trab in einer sehr breiten Palette von Möglichkeiten ausführen kann. Diese beginnt bei kurzen und eiligen Tritten, bei denen der Rücken gar nicht erst in Schwingung kommt. Dies ist oft exterieur- oder auch rassebedingt. Extreme Verspannungen des Rückens, aus Angst oder durch falsches Reiten verursacht, können ebenso der Grund für Steifheit im Rücken sein. Insbesondere falsch verstandenes Vorwärts-Reiten (oft über den Takt hinaus) führen zum Festhalten des Pferdes im Rücken. Die Folge ist oft ein eiliger und flacher Trab. Das Pferd hat durch erhöhten Takt und durch erhöhtes Tempo nämlich gar keine Zeit, im Rücken zu schwingen.

Man muß sich immer über die Ursachen im klaren sein und versuchen, diese abzustellen. Dies gelingt oft nur zum Teil. Der richtige Sitz und die richtige Einwirkung (*vgl. Kapitel Sitz und Einwirkung*) bilden die Voraussetzung für eine Verbesserung von Takt und Schwung. Ist ein Pferd von Natur aus phlegmatisch veranlagt, sind seine Bewegungen oft schleppend und ausdruckslos. Durch richtiges Treiben und Reiten von Übergängen muß ein solches Pferd lebhaft gemacht werden. Das richtige Maß an Takt, Fleiß und Frequenz des Trabs ist dann gegeben, wenn man ein Pferd aus diesem Tempo heraus immer unmittelbar zulegen, halten oder wenden kann, ohne daß es sein Gleichgewicht und das Gleichmaß der Bewegung verliert. Diese Vorstellung vermittelt wahrscheinlich den brauchbarsten Hinweis auf den richtigen Grundtakt.

**Wichtige Phasen im Trab:
Diagonale Zweibeinstütze**

Schwebephase

Der Raumgriff ist wiederum vom Exterieur und vom Temperament des Pferdes abhängig. Pferde mit kurzem Mittelstück können im allgemeinen mehr Raumgriff erzielen als Pferde mit langem Rücken. Hat ein Pferd viel Temperament, neigt es bei oft eilig werdendem Gang zu knapperem Raumgriff, wohingegen faule Pferde zwar raumgreifend sein können, dies aber leider häufig zu Lasten von Fleiß und Schwung geht.

Die Frage, welcher Trab der richtige ist, hängt vom Ausbildungsziel ab. Insbesondere die typischen Materialpferde, mit übergroßer Grundgangart im Trab, haben bei gesteigerter Versammlung häufig Probleme, weil sie nicht in der Lage sind den Raumgriff bei gleichbleibendem Takt, Losgelassenheit und Schwung zu verändern. Die Bewegung wirkt zwar durch den enormen Schub sehr dynamisch, die Umwandlung der Schubkraft in echte Tragkraft fällt diesen Pferden aber oft sehr schwer. Deswegen ist es in der Grundausbildung überhaupt nicht wichtig, den Mitteltrab zu forcieren, sondern entscheidend, zunächst einen taktmäßigen und schwungvollen Arbeitstrab herzustellen. Nur der taktsichere Trab mit der richtigen Frequenz bietet die Voraussetzung, mit reiterlicher Einwirkung Schwung, Geraderichten und Versammlung zu entwickeln, und diese Grundlagen in Einklang zu bringen und zu halten.

Diagonale Zweibeinstütze

Kurz nach der Schwebephase

Der Galopp

Der Galopp ist eine springende Bewegung im Dreitakt mit sechs Phasen. Er kann als Links- und Rechtsgalopp ausgeführt werden. Bedingt durch die natürliche Schiefe galoppiert das Pferd auf einer Seite meistens natürlicher, losgelassener und runder. Der Galopp soll von Natur aus im klaren Dreitakt, raumgreifend und schwungvoll gesprungen sein. Bei der Bestimmung des Dreitakts ist es wichtig, daß man stets das gleichzeitige Auffußen von innerem Hinterfuß und äußerem Vorderfuß beobachten kann.

Fußt der äußere Vorderfuß zeitlich nach dem inneren Hinterfuß auf, so spricht man vom Vierschlag oder Viertakt. Man kann aber auch beobachten, daß der äußere Vorderfuß zeitlich vor dem inneren Hinterfuß auffußt. Dieser fehlerhafte Takt wird in beiden genannten Fällen fast immer dadurch verursacht, daß man das jeweilige Pferd entweder zu früh oder zu lange versammelt hat. Zu langsames Reiten ohne Erhalt des Schwungs ist oft die Ursache für Taktfehler. Durch Verbesserung von Schubkraft und Schwung können die so verursachten Taktfehler korrigiert werden. Im allgemeinen ist jedes Pferd in der Lage, im Dreitakt zu galoppieren. Nur erhebliche Exterieurmängel oder auch spezielle Zuchtziele können einen normalen Dreitakt verhindern.

Dagegen gelingt es bei weitem nicht immer, einen geregelten Dreitakt bei gesteigerter Versammlung zu erhalten, dies erfordert oft ein großes Maß an reiterlicher Hilfe. Exterieur und Temperament eines Pferdes können seine Versammlungsfähigkeit begrenzen. Man muß sich dann darüber im klaren sein, daß ein Pferd mit Grundschwierigkeiten in der Galoppade oft nur relativ zu verbessern ist. Der Takt im Galopp ist dann gut, wenn die richtige Frequenz erhalten wird und genügendes Durchspringen in allen Tempi des Galopps sichtbar bleibt.

Dies ist um so wichtiger, weil man die Tempi des Galopps (Arbeitsgalopp, Mittelgalopp, versammelter und starker Galopp) nur als Veränderung des Raumgriffs erkennen

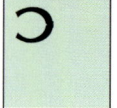
Wichtige Phasen im Galopp
(ohne Schwebephase):
Einbeinstütze hinten links

Dreibeinstütze

soll. Der Raumgriff im Arbeitsgalopp sollte im allgemeinen so bemessen sein, daß die Hinterfüße in die Spur der Vorderfüße springen.

Im versammelten Tempo bleibt der Hinterfuß etwas hinter der Spur des Vorderfusses. Der Mittelgalopp soll deutlich mehr Raumgewinn bei gleichbleibendem Takt bringen. Beim starken Galopp wird der größtmögliche Raumgewinn erreicht, bei dem der klare Dreitakt erhalten bleibt. Bei der Beurteilung der Tempi ist der gleichbleibende Takt innerhalb der Tempi sowie bei den Übergängen immer wichtiger als das absolute Raummaß.

Die richtige Frequenz der Grundgaloppade ist immer nur individuell festzustellen. Ähnlich dem Trab ist die natürliche übergroße Galoppade sehr schwierig zu versammeln. Wenn man als Reiter das Ge

Der Galopp in Kurzform

Der Galopp ist eine springende Bewegung im Dreitakt mit sechs Phasen. Er kann als Links- und Rechtsgalopp ausgeführt werden. Der Galopp soll im klaren Dreitakt, raumgreifend und schwungvoll gesprungen sein. Bei der Bestimmung des Dreitakts ist es wichtig, daß man stets das gleichzeitige Auffußen von innerem Hinterfuß und äußerem Vorderfuß beobachten kann.

Der Takt im Galopp ist dann gut, wenn die richtige Frequenz erhalten bleibt und genügendes Durchspringen in allen Tempi des Galopps sichtbar wird. Dies ist wichtig, weil man die Tempi des Galopps (Arbeitsgalopp, Mittelgalopp, versammelter und starker Galopp) nur als Veränderung des Raumgriffs erkennen soll.

fühl hat, das Arbeitstempo und den Takt so angelegt zu haben, daß man jederzeit wenden, durchparieren oder zulegen kann, ist das Tempo zweckmäßig. Die richtige Einschätzung von gutem Takt und zweckmäßigem Tempo kann immer nur durch einen versierten Fachmann geschehen.

Die Beurteilung des richtigen Grundtaktes aller Grundgangarten ist oft sehr schwer und erfordert einen routinierten Ausbilder oder Reiter, da diese durch ihre tägliche prak

 Dreibeinstütze

 Einbeinstütze vorne rechts

tische Arbeit mit vielen verschiedenen Pferden am ehesten das beste Maß vor Augen haben. Auch der erfahrene Richter kann bei der Überprüfung eines Pferdes auf Turnieren die Beurteilung und die Bewertung vornehmen.

VII. Exterieur und Bewegungsabläufe

Der Lipizzaner wurde speziell für höchste Versammlung gezüchtet und eignet sich hervorragend für die Lektionen der Hohen Schule.

Exterieur und Bewegungsabläufe eines Pferdes sind von Natur aus vorgegeben. Man hat über die moderne Zucht erheblichen Einfluß auf das „Produkt" gewonnen. Gute Charaktereigenschaften, hervorragendes Exterieur und geeignete natürliche Bewegungsabläufe sind mittlerweile häufig in den jungen Pferden vereint. Fehlerhafte Hälse, schlechte Rücken und Stellungsfehler sind selten geworden.

Die individuelle Beurteilung des Exterieurs eines Pferdes ist aber trotzdem wichtig, um festzustellen, ob die Voraussetzungen eines Pferdes mit dem gewünschten Verwendungszweck übereinstimmen. Trotz guten Exterieurs und geeigneter Bewegungsabläufe gibt es, insbesondere bei der höheren Ausbildung eines Pferdes, immer eine natürliche Grenze. Auch bei gutem Zuchtergebnis sind nur relativ wenige Pferde aufgrund ihres Exterieurs, ihrer natürlichen Bewegung und ihres Temperaments für große sportliche Aufgaben geeignet. Man muß sich darüber im klaren sein, daß ein Fordern über die natürlichen Gegebenheiten hinaus so viel mehr an Arbeit bedeutet, daß damit auch immer

Der Isländer, hier Tölt-Weltmeister Glampi vom Erbeldinger Hof mit Sandra Feldmann im Sattel, hat mit Hoher Schule wenig im Sinn - der Vier- oder Fünfgänger aus Europas Norden begeistert vor allem durch seine Gangarten Paß und Tölt.

ein Mehr an Verschleiß verbunden ist. Nur wenige Ausbilder sind in der Lage diese natürlichen Hindernisse zu überwinden, meist jedoch schadet das dem Pferd.

Allerdings muß man sich auch hüten, die Leistungsfähigkeit eines Pferdes zu früh zu beurteilen, denn oftmals sind Pferde sogenannte „Spätentwickler", die ihre Leistungsfähigkeit gar nicht sofort erkennen lassen. Die inneren Eigenschaften eines Pferdes, die von entscheidender Bedeutung sind, und die damit verbundene Leistungsbereitschaft sind oft erst im Verlauf der Ausbildung zu erkennen.

Für seine bequemen, fast erschütterungsfreien Gangarten ist der Paso Fino bekannt.

Den größten Einfluß auf das Exterieur eines Pferdes kann der Reiter über den Aufbau und die Veränderung der Muskulatur nehmen. Muskulatur kann sich relativ schnell entwickeln, sowohl zum Vorteil als auch zum Nachteil des Pferdes. Dabei ist es leichter, eine kaum vorhandene Muskulatur richtig weiter aufzubauen, als eine starke, aber falsch entwickelte Muskulatur umzuformen. Die Korrektur nimmt immer erheblich mehr Zeit in Anspruch als ein sinnvoller Aufbau von Anfang an.

Wenig Einfluß auf Sehnen, Gelenke, Skelett

Erheblich weniger Einfluß als auf die Muskulatur hat man auf Sehnen und Gelenke. Je besser die Gelenke ausgebildet sind, desto mehr kann man sich auf ihre Haltbarkeit verlassen. Sehnen sollten nicht zu lang und in ihrem Durchmesser gut ausgeprägt sein. Was die Haltbarkeit angeht, ist natürlich die Rasse von noch größerer Bedeutung. Pferde mit hohem Blutanteil sind in bezug auf ihre Haltbarkeit immer höher einzuschätzen als reine Warmblut-Abstammungen.

Das Skelett des Pferdes kann am wenigsten verändert werden. Man muß sich bei der Entwicklung und Ausbildung darüber klar sein, daß beim Pferd und seinem Skelett das Wachstum erst mit vier bis fünf Jahren abschließt. Eine effektive Aushärtung der Knochen und des Skeletts erfolgt erst mit sieben bis acht Jahren. In der Anreitephase, etwa drei bis vierjährig, kommt es darauf an, ein Pferd in der täglichen Arbeit nur mäßig zu belasten. Dabei tut es dem Pferd nur gut, wenn es unmittelbar während der Wachstumsschübe nicht geritten wird. Einmal verursachte Schäden am Skelett sind nicht mehr zu

Diesem dreijährigen Reitpony wünschte man mehr Freiheit in der Ganasche und eine schräger gelagerte Schulter. Beide Exterieurmerkmale sind entscheidende Kriterien für den Erfolg der späteren Ausbildung.

beheben. Leichte Widerstände in diesem Alter haben oft ihren Grund in der Überbeanspruchung des noch zu weichen und sich entwickelnden Skeletts. Ungehorsam und Widerstände sind in dieser Phase meistens ein Zeichen von Schwäche.

Im Alter von fünf bis sechs Jahren ist im allgemeinen das Wachstum des Pferdes abgeschlossen und eine Weiterentwicklung der Muskulatur kommt hinzu. In dieser Phase ist es wichtig, daß Gangmaß und Haltung in Einklang gebracht werden, daß die Wirbelsäule und deren Dornfortsätze, vom Genick bis zum Schweif, derart aufeinander eingestellt werden, daß sie nicht aneinander stoßen können und im gesamten Skelett nicht einzelne Gelenke und Gliedmaße falsch oder übermäßig belastet werden. Führt man diese Arbeit kontinuierlich bis zum Alter von sieben bis acht Jahren fort, kann das Skelett unbeschadet aushärten. So ist eine sehr lange Gesunderhaltung des Pferdes zu erwarten.

Neben der Tatsache, daß man ein Pferd immer nur individuell beurteilen kann und die Leistungsfähigkeit insbesondere vom Interieur abhängig ist, spielen die Beschaffenheit der einzelnen Körperteile, ihr Verhältnis und ihre Winkelung zueinander eine erhebliche Rolle im Hinblick auf die Leistungsfähigkeit und Haltbarkeit des Pferdes. Es gibt eine Reihe von Regeln, die man bei der Beurteilung des Exterieurs im Kopf haben sollte: So ist ein zu großes Pferd oft unbeweglich und ungelenk. Es ist häufig nicht so tragfähig wie es erscheint. Ein kleineres Pferd ist oft tragfähiger, durch die mangelnde Größe hat es, bis auf Ausnahmen, oft weniger raumgreifende Bewegungen und ist im Ausdruck dem größeren Pferd bisweilen unterlegen.

Ein überbautes Pferd, daß in der Kruppe deutlich höher ist als im Widerrist, hat es mit der Versammlung schwerer. Man bekommt die Hinterhand nur selten unter den Schwerpunkt. Darum soll der Widerrist immer höher als die Kruppe sein. Außerdem hält ein gut ausgeprägter Wi-

Dieses harmonisch wirkende junge Pferd hat deutliche Mängel in der Rücken- und in der Hinterhandpartie. Dies könnte in der Ausbildung Probleme bei der Lastaufnahme durch die Hinterhand bedingen.

Nur eine gut gelagerte Schulter ermöglicht diese spektakulären Schautritte - hier der Vollblutaraber Naheed mit Urte Kern.

derrist den Sattel so weit hinten, daß die Schulter volle Bewegungsfreiheit hat. Ein kurzer Rücken ist meist tragfähiger als ein langer. Hingegen kann ein langer Rücken eher schwingen und sich besser in der Längsachse biegen. Ist der Rücken nach unten durchgedrückt, ist er meistens festgehalten und schwingt nur sehr wenig. Ein von Natur aus nach oben gewölbter Rücken (z.B. eine Karpfenniere) kann oft auch nur wenig schwingen.

Ein langer Hals kann eher balancieren als ein kurzer Hals, ist aber meistens schwerer in eine stabile und stete Haltung zu bringen. Ist der Hals zu hoch oder zu tief angesetzt, fällt es dem Pferd schwer, sich bei steter Haltung des Halses im Gleichgewicht zu halten. Ein zu tiefer Halsansatz erschwert versammelnde und aufrichtende Arbeit erheblich, während ein zu hoher Halsansatz mangels Dehnungsbereitschaft nach vorwärts-abwärts die Losgelassenheit und schwingende Tätigkeit des Rückens erheblich beeinträchtigen kann.

Ein empfindliches Maul ist manchmal nur schwer an eine stete Anlehnung zu gewöhnen. Ein unempfindliches Maul kann man oftmals gar nicht genügend sensibilisieren, um eine leichte Anlehnung zu erhalten.

Ein zu starkes Genick, häufig verbunden mit ausgeprägten Ganaschen, ist oftmals wenig durchlässig. Ein zu feines Genick hingegen ist oft so biegsam und weich, daß es der Reiterhand zu leicht nachgibt, so daß die Wirkung von Paraden schon im Genick verloren gehen kann.

Ein stark gewinkeltes Hinterbein unterstützt den Schwerpunkt besser als ein gerades Hinterbein, wobei ein gerades meistens beweglicher ist als ein zu stark gewinkeltes Hinterbein. Eine stark gewinkelte Hanke, also Kruppe, Knie und Unterschenkel, bringt eine vermehrte Aufnahme der Last und damit eine höhere Versammlungsfähigkeit mit sich, während ein wenig gewinkeltes Hinterbein mehr Schub- als Tragkraft entwickeln kann. Eine schräge Schulter bietet der Vorhand mehr Bewegungsfreiheit als eine steilere Schulter.

Die Winkelung und die Länge der Fesseln ist für die Elastizität des Ganges und die Haltbarkeit des Pferdes wichtig. Eine lange und flache Fesselung hat Nachteile für die Haltbarkeit der Sehnen, bringt aber einen elastischen Gang. Eine kurze und steile Fessel ist weniger elastisch, so daß die Gelenke vermehrt gestaucht und eher verschlissen werden.

Abgesehen von den wenigen hier angegebenen Merkmalen über das Exterieur, die sich speziell auf das Reiten beziehen, gibt es natürlich noch eine ganze Reihe weiterer wichtiger Merkmale der Exterieurlehre. Sie sind zwar auch von Bedeutung für den Gebrauch des Pferdes, viele beziehen sich aber auf Schönheit, Typ, Rasse und Zuchtziel, sie haben ihre Berechtigung bei der Beurteilung eines Pferdes.

Wichtig für den Reiter ist nur, daß er erkennt, wo das Pferd im Exterieur Stärken und Schwächen hat. Kleinere Nachteile können dabei von bedeutenden Vorteilen ausgeglichen werden. Ebenso muß man erkennen, daß bestimmte Schwächen nicht ausgeglichen werden können.

Die Vielfalt der zusammenhängenden Exterieurmerkmale der Pferde ist von Natur aus unendlich groß. Es ist oft sehr schwer festzustellen, wie sich Stärken und Schwächen des Exterieurs eines Pferdes auf die Bewegungen und das Tragen des Reitergewichtes im Gleichgewicht auswirken. Das bedarf immer individueller Beurteilung. Den Verwendungszweck muß man immer den Möglichkeiten des Pferdes anpassen, sonst wird man ihm nicht gerecht. Überraschend ist, daß die Bewegungsmöglichkeiten eines Pferdes manchmal nur wenig mit den äußerlich bestehenden Exterieurmerkmalen übereinstimmen.

Rassebedingt gibt es Pferde mit geradem Gang, mit starken Knie- und Vorhandaktionen, mit mehr oder weniger aufwendigen Bewegungen, sowie mehr oder weniger raumgreifenden und schwungvollen Bewegungen. Manche Bewegungsabläufe werden nur unter Zwang erreicht, wobei die Losgelassenheit zum Teil ausgeschaltet wird. Dabei werden Hilfsmittel eingesetzt, mit denen man nicht etwa die natürlichen Bewegungen des individuellen Pferdes kultiviert und entwickelt, sondern es kommt zu unnatürlichen Bewegungen (z. B. Hobbels im Rennsport). Dies entspricht keiner sinnvollen Reitauffassung und kann dem Pferd langfristig schaden.

VIII. Der Takt

Der Takt ist die Gleichmäßigkeit der Bewegung in allen drei Grundgangarten. Diese Gleichmäßigkeit bezieht sich zum einen auf die stets gleichbleibende Länge von Schritten, Tritten und Sprüngen innerhalb einer Gangart und deren Tempi. Zum anderen muß stets die Zeitfolge der Schritte, Tritte und Sprünge innerhalb ihrer Tempi gleich bleiben. Jedes Pferd hat darüber hinaus eine individuelle Frequenz in seinen Bewegungen, deren Wert für eine weitere Ausbildung immer nur individuell festzustellen ist. Sie kann zu eilig oder auch zu langsam sein. So muß man diese jeweilige Frequenz verlangsamen oder erhöhen, bis man eine sinnvolle Voraussetzung geschaffen hat, um Schwung, Geraderichten und Versammlung überhaupt erarbeiten zu können. In vielen Fällen ist es gar nicht möglich, diese Frequenz der Bewegung zu beeinflussen. Grundgangarten und Exterieur des Pferdes verhindern dies häufig in einem solchen Maße, daß eine intensive Dressur-Arbeit mit dem Pferd falsch ist und diesem Pferd physisch und psychisch schaden würde. Zumindest muß man sich darüber klar sein, daß man ein solches Pferd nur wenig verbessern kann.

Takt als Voraussetzung für die dressurmäßige Arbeit

Ein Gleichmaß der Bewegung ist aber allen Pferden abzuverlangen, sofern sie nicht gerade erhebliche Mängel im Exterieur oder im Temperament haben. Der Takt ist aber eine Voraussetzung für jede Weiterarbeit mit dem Pferd. Nur ein gleichlaufender Motor kann eine Dauerleistung vollbringen. Die Muskulatur des Pferdes muß sich regelmäßig an- und abspannen, um eine regelmäßige und damit für den Reiter bequeme Fortbewegung zu ermöglichen.

Bei unregelmäßigem Takt kommt es zu Störungen, die sich auf alle an der Bewegung beteiligten Muskeln, Bänder, Sehnen und Gelenke auswirken. Sie verspannen sich und verschleißen dadurch viel früher als nötig. Im Extremfall kann es zu Zerrungen und Überdehnungen kommen. Besonders das junge Pferd ist in dieser Hinsicht gefährdet, da es in seiner körperlichen Entwicklung noch nicht gefestigt ist. Sein Übermut und Bewegungsdrang einerseits sowie das noch nicht vorhandene Gleichgewicht unter dem Reiter führen andererseits dazu, daß das Pferd noch häufig aus dem Gleichgewicht und damit aus dem Takt kommt. Besonders in dieser Phase muß der Reiter darauf achten, daß er sein

Fußfolgen

In Verbindung mit dem Takt hier einmal die Fußfolgen in den drei Grundgangarten in direkter Beziehung zueinander:

Alle Fußfolgen und die Stützbeinphasen kommen in den drei Grundgangarten so vor, daß zum Teil eine oder auch mehrere Phasen jeweils übereinstimmen.

So stimmen jeweils drei Phasen von Schritt und Galopp überein. Die diagonale Zweibeinstütze des Trabs kommt auch im Schritt und im Galopp vor. Auch die laterale Zweibeinstütze im Schritt zeigt, daß ein passartiger Schritt aufgrund dieser Stützmöglichkeit grundsätzlich möglich ist.

So kann man sehen, wie früh man einwirken muß, um korrekte Übergänge zwischen allen Grundgangarten möglich zu machen.

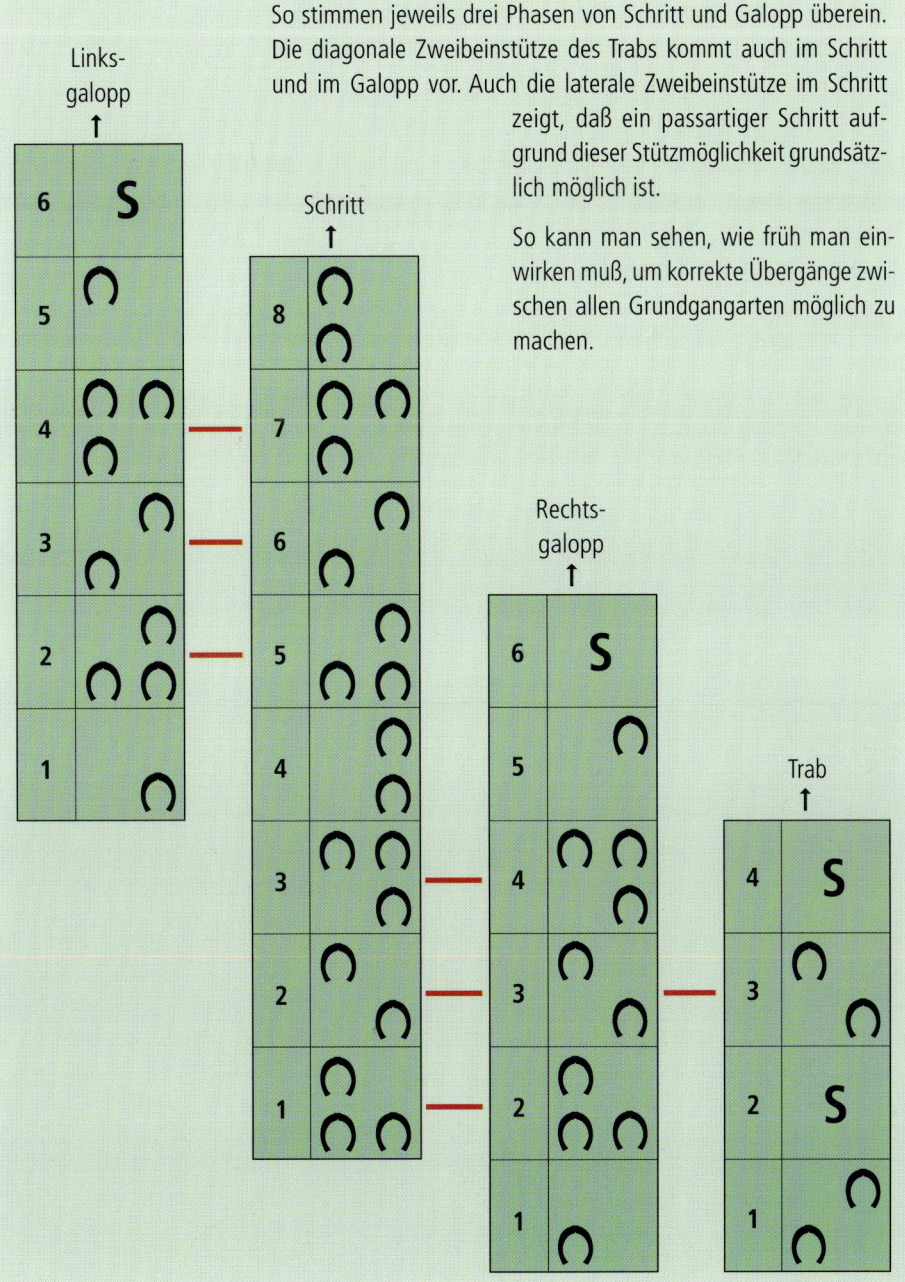

Pferd bei sicherer Anlehnung gleichmäßig im Tempo behält und Wendungen so anlegt, daß das Pferd diese entsprechend seinem Ausbildungsstand auch ausführen kann.

Die Anreite- und Gewöhnungsphase unter dem Reiter sollte immer auf ebenem und trittsicherem Untergrund stattfinden, sinnvollerweise immer mit einer bandenähnlichen Anlehnung. Geht man nun zu der wertvollen Geländearbeit über, muß bei unebenen Boden- verhältnissen natürlich noch mehr Wert darauf gelegt werden, daß in allen Grundgangarten taktmäßig und in ruhigem Tempo geritten wird.

In direktem Zusammenhang zum Takt steht stets die Losgelassenheit. In bezug auf den Takt muß man wissen, daß ein Gleichmaß nur möglich ist, wenn durch die Los- gelassenheit ein innerer Zustand der Ruhe einkehrt. Durch die allgemeine Erwärmung und die Anregung der Durchblutung des Pferdes wird eine verbesserte Tätigkeit von Muskulatur, Sehnen und Gelenken erreicht, welche die Voraussetzung ist, um ein Pferd im Takt zu reiten. Takt und Losgelassenheit müssen also von Anfang an gleichzeitig erarbeitet und verbessert werden.

IX. Losgelassenheit

Die Losgelassenheit des Pferdes während der gesamten Arbeit ist Voraussetzung für alle Ausbildungsziele, die man mit einem Pferd erreichen kann. Dabei unterscheidet man verschiedene Phasen der Losgelassenheit:

- In der **Anreitphase** bedeutet Losgelassenheit, daß die in der Theorie bekannten Merkmale erreicht werden: Ruhigwerden des Pferdes, Vorwärts-Abwärts-Dehnung, Zufriedenheit, der Reiter kommt zum Sitzen und zum Treiben.

- In der **Ausbildungs- und Lernphase** des Pferdes kommt es natürlich immer wieder zu Verspannungen und Widerständen. Erst wenn die Losgelassenheit in der Lektion hergestellt ist, ist das jeweilige Ziel erreicht.

- Die **dritte Phase der Losgelassenheit** bedeutet, daß ein Pferd losgelassen ist, wenn sowohl die Grundvoraussetzungen gegeben sind, als auch die Durchlässigkeit des Pferdes auf beiden Händen, sowie die Geschmeidigkeit des Ganges in allen vorkommenden Versammlungsgraden erreicht ist.

- Die **vierte Phase der Losgelassenheit** des Pferdes ist dann erreicht, wenn ein Pferd die vorher beschriebenen Merkmale auch in verschiedenen Prüfungssituationen beibehält, ohne den Ausdruck seines Selbstbewußtseins zu verlieren.

Diese Sicherheit kann nur erreicht werden, wenn man dem Pferd in der Grundausbildung ein hohes Maß an Vertrauen zu seinem Reiter beibringt, wobei Ruhe, sicheres Auftreten, Konsequenz sowie eine positive Einstellung des Reiters zu seinem Pferd Voraussetzungen sind. Die in der Praxis angewandte Pferdepsychologie ist deshalb eine wichtige Grundlage für das Erreichen dieses hohen Ziels. Die unbehinderte Konzentration des Pferdes auf die Aufgabe kann um so besser erreicht werden, je mehr der Reiter in der Lage ist, den Einklang von Gehorsam, Durchlässigkeit und Selbstbewußtsein herzustellen. Das Ziel der inneren Losgelassenheit ist erreicht, wenn das Pferd ein hohes Maß an Zufriedenheit und Gehorsam erreicht, ohne sein Selbstbewußtsein aufgeben zu müssen.

Das Temperament und der Charakter des Pferdes sind wesentliche Voraussetzungen für seine Losgelassenheit. Sie sind manchmal von Natur aus vorgegeben und nur schwer mit Losgelassenheit in Einklang zu bringen. Bestimmte Temperamentsmängel und Charakterzüge können dazu führen, daß eine beständige Losgelassenheit im beschriebenen

Ein junges Pferd in zufriedener Haltung bei aktivem Hinterbein. Etwas mehr Dehnungshaltung wäre möglich und richtig.

Sinne nie ganz erreicht werden kann. Im Sport kann man beobachten, daß ein Pferd, das bei einem Reiter nur mäßige Leistungen bringt, von einem anderen Reiter, der besser auf sein Temperament und seinen Charakter eingeht, zu wesentlich besseren Leistungen motiviert werden kann. Ob Temperament und Charakter Stärken oder Schwächen aufweisen, ist manchmal weniger wichtig, als daß der Reiter diese auszugleichen versteht. Der Reiter, der sich mit Kraft und Gewalt über alle psychischen und physischen Belange hinwegsetzt, erhält oft ein Pferd, das mitmachen muß, aber nie ein Pferd, das von sich aus „mitmacht" und dabei losgelassen ist.

Durch physische Losgelassenheit will man erreichen, daß alle Muskeln in der Lage sind, sich zu entspannen, um dann die jeweils nötigen Muskeln richtig und ohne Kraftvergeudung zu gebrauchen. Eine hervorragende Ausführung, bei geringstem Kraftaufwand, wäre das bestmögliche Ergebnis. Dies bezieht sich insbesondere auf die Rückenmuskulatur.

Erst die Fähigkeit des Lösens der gesamten Muskulatur ergibt die Voraussetzung für das Beherrschen der Muskulatur. Entscheidend ist, daß man die Losgelassenheit nicht mit Entspannung verwechselt. Losgelassenheit versteht sich als Fähigkeit, die Muskulatur richtig an- und abspannen zu können. Losgelassenheit und Versammlung wären sonst Gegensätze. Aber gerade in der Versammlung kommt es darauf an, daß das Pferd in der Lage ist, jeden beliebigen Versammlungsgrad annehmen zu können, ohne daß die Losgelassenheit auch nur im mindesten verloren geht. Für das Reiten ist speziell der Zusammenhang zwischen Takt und Losgelassenheit von großer Bedeutung. Nur die gut durch-

Typische Verspannung bei einer neuen Übung, dem Einfangen nach dem Sprünge-Verlängern. Durch ruhiges Wiederholen lernt das Pferd, sich auf das Einfangen vorzubereiten. Erfolgt das Einfangen zunächst an der gleichen Stelle, weiß das Pferd, was von ihm verlangt wird und erreicht die Losgelassenheit schneller.

blutete Muskulatur, die sich nicht mehr verspannt, kann regelmäßig arbeiten. Nur so kommt es zu taktmäßiger Fortbewegung.

Die größten Fehler beim Lösen entstehen, wenn die Lösungsphase zu kurz war. Dann nämlich kommt es zu Verschleiß oder gar zu den oben genannten Verletzungen. Auch während der Arbeit muß man aus den genannten Gründen die Losgelassenheit immer wieder herstellen.

Fehler beim Lösen entstehen auch, wenn die Lösungsphase zu lange ausgedehnt wird. In diesem Fall kommt es sehr oft zu Überlastungen der Vorhand und ihrer Muskulatur, sowie zu Ermüdung des gesamten Pferdes. Lösende Arbeit soll die Vorbereitung auf die Arbeits - und Lernphase sein. Die Ermüdung des Pferdes darf nie das Ergebnis der lösenden Arbeit sein. Deshalb soll die Lösungsphase knapp bemessen sein, so daß sie wirklich eine Vorbereitung auf die Arbeitsphase darstellt und nicht zum Selbstzweck wird.

Warum Losgelassenheit?

Die Gründe, warum man Pferde lösen muß und diese Losgelassenheit permanent erarbeitet, liegen im physiologischen Bereich. Es sind dieselben wie bei jedem Sportler:

- Erwärmung des Organismus
- verstärkte Durchblutung
- verbesserter Schutz gegen Zerrungen, Überdehnungen oder Muskelrisse

Bei jungen Pferden wird zwar überwiegend an der Losgelassenheit gearbeitet, jedoch sollte bei fortgeschrittenen Pferden die Lösungsphase immer kürzer werden. Je nach Alter und Ausbildungsstand muß die lösende Arbeit dem Pferd angepaßt sein. Der Organismus arbeitet beim jüngeren Pferd oft schneller als beim alten Pferd. Dies bezieht sich speziell auf den Bewegungsapparat der Pferde. Auch die Wahl der Übungen und Lektionen soll dem Ausbildungsstand angepaßt sein. So kann es durchaus realistisch sein, ein älteres Dressurpferd in der Piaffe zu lösen. Man erspart ihm so manchen Kilometer Leichttraben.

Das Pferd wirkt in der Dehnungshaltung zufrieden. Abwärtsdehnung über diese Haltung hinaus ist schädlich, da die Vorhand bei längerer Ausführung überlastet wird und das Pferd aus dem Gleichgewicht kommt.

Wichtig ist nur, daß man herausfindet, welche Grundgangarten und welche Übungen oder Lektionen dem jeweiligen Pferd am angenehmsten sind, damit eine schnelle, aber sinnvolle Losgelassenheit erreicht wird.

Wechsel von Übungen führt oft zur Losgelassenheit

Ein gut abgestimmter Wechsel von Übungen und Übungsreihen führt oft zu Losgelassenheit, besonders bei Pferden mit viel Temperament und Vorwärtsdrang. Ruhige, phlegmatische Pferde sind hingegen durch schwungvolles Vorwärtsreiten auf möglichst gerade Linien zu lösen. Praktische Möglichkeiten des Lösens bieten alle sinnvollen Übungen der bestehenden Reitlehre, sofern sie unter Anleitung richtig angewendet werden. Alle diese Übungen müssen aber in bezug auf die Losgelassenheit einen sinnvollen gymnastischen Charakter haben. Dies bedeutet in erster Linie, daß die Dehnung der Muskulatur erreicht werden muß. Einige Aspekte für die praktische Arbeit sind besonders zu beachten:

- Innere Ruhe und Zufriedenheit des Pferdes stehen an oberster Stelle.

- Die gleichmäßige Atmung des Pferdes ist eine sehr wichtige Voraussetzung für die Arbeitsphase.

- Tiefes Durchatmen, rhythmisch und spannungsfrei, bis einschließlich in Lektionen mit hohem Versammlungsgrad, ist Voraussetzung für eine wirkliche Losgelassenheit.

Die Lösungs-Arbeit

Wie bei der gesamten Arbeit, so ist auch beim Lösen wichtig, daß man immer:

- vom Leichten zum Schweren,
- vom Langsamen zum Schnellen,
- von leichter zu starker Biegung,
- von leichter zu starker Hankenbeugung kommt.

Bemerkt man während der Lernphase Unregelmäßigkeiten der Atmung oder gar ein Anhalten der Luft, so muß sofort die rein lösende Arbeit einsetzen. Erst wenn regelmäßiges Atmen auch bei hoher Versammlung erhalten bleibt, erreicht die Losgelassenheit eine Steigerung zur Perfektion.

– Die Vorwärts-Abwärts Dehnung ist ein wichtiges Zeichen für Losgelassenheit. Dies bedeutet, daß ein Pferd nach der Lösungsphase sowie während der gesamten Arbeitsphase immer Bereitschaft zeigen soll, Kopf und Hals vorwärts-abwärts zu dehnen. Ein permanentes Reiten in Vorwärts-Abwärts- Dehnung ist aber falsch und führt zu Überlastung und Ermüdung der Vorhand.

– Die Arbeit an der Losgelassenheit muß für den Reiter der rote Faden sein, der sich durch die gesamte Arbeit und Ausbildung seines Pferdes zieht. Denn das hochgesteckte Ziel richtiger Ausbildung ist erst erreicht, wenn, auch bei höchstem Versammlungsgrad, die Ausführung aller Übungen und Lektionen in vollkommener Losgelassenheit möglich ist.

– Das Leichttraben ermöglicht es dem Reiter, groben Verspannungen des Pferdes auszuweichen. Kommt er zum Sitzen, und ist sein Sitz losgelassen, kann der Reiter ruhig sitzenbleiben (*vgl. Kapitel Sitz*). Weiteres Leichttraben ist für die Ausbildung des Pferdes sinnlos. Denn die richtige Einwirkung des Reiters kann nur im Aussitzen erfolgen.

X. Anlehnung

Unter Anlehnung versteht man den Themenkreis, der die grundsätzliche Anlehnung, die Haltung, Stellung und Beizäumung sowie alle Formen fehlerhafter Ausführung beschreibt.

Die Anlehnung an sich ist als stets gleichbleibende leichte und weiche Verbindung zwischen Reiterhand und Pferdemaul zu verstehen. Diese besondere Anlehnung wird oft ignoriert oder völlig falsch verstanden. Dabei soll die Hand dem Pferd eine als Hilfe gedachte Verbindung gewähren. Ein Festhalten am Zügel ist damit nicht gemeint. Im Prinzip muß der Reiter darauf achten, daß er durch eigene Elastizität seiner Armgelenke der Eigenbewegung des Maules so folgt, daß die Verbindung störungsfrei erhalten bleibt.

Insbesondere in Situationen, in denen das Pferd Angst bekommt oder es sich erheblich verspannt, machen Reiter oft den Fehler, durch plötzliche Veränderung der Anlehnung das Pferd so zu verunsichern, daß sogar kritische Situationen die Folge sind. Plötzliches Ziehen am Zügel oder plötzliches Nachgeben sind oft an Überreaktionen des Pferdes schuld. Insbesondere das junge Pferd braucht zu Beginn seiner Ausbildung eine sichere Anlehnung. Diese gibt dem jungen Pferd eine gewisse Stütze. Die erste Voraussetzung für das Finden des Gleichgewichts unter dem Reitergewicht ist damit gegeben. Eine Gefahr entsteht dadurch, daß es aufgrund der natürlichen Schiefe des Pferdes zu mehr Verbindung, speziell auf einer Seite, kommt.

Der Reiter wiederum muß die richtige Anlehnung frühzeitig aufbauen, damit Takt, Losgelassenheit und die Kontrolle des jungen Pferdes zu dessen eigenem Schutz hergestellt werden können. Ein Zurücknehmen des Tempos und Richtungswechsel werden so erst möglich. Besonders in dieser Phase spielen Haltung und Durchlässigkeit eine untergeordnete Rolle. Wichtig ist nur, daß der Reiter bei fortschreitender Ausbildung des Pferdes darauf achtet, daß es nicht durch passives Festhalten mit der Hand dazu kommt, daß das Pferd „auf der Hand liegt" (*vgl. Kapitel Einwirkung*). Je nach Temperament und Exterieur können Pferde zu mehr oder weniger Anlehnung neigen. Temperamentvolle Pferde sind meistens sensibler im Maul als phlegmatische Pferde. Die Beschaffenheit des Mauls und das Exterieur der Pferde haben auch Einfluß auf die Empfindlichkeit des Mauls. Die Auflagefläche des Gebisses im Maul und die mehr oder weniger scharfen Unterkieferäste können den Grad der Sensibilität bestimmen.

Pferde, die von Natur aus sehr gut im Gleichgewicht sind, tragen sich auch leichter selbst, Pferde mit starkem Genick, zu tiefem Halsansatz, überbaute Pferde und solche mit zu langem Mittelstück (Pferde, die also ihren Schwerpunkt aufgrund ihres Exterieurs zu weit vorne haben) hingegen neigen dazu, auf der Hand zu liegen. Es ist Sache des Ausbilders, die Ursache zu klären. Allgemein sollte man sich klar sein, daß Pferde oftmals eine stärkere Stütze brauchen. Das Maul muß deshalb nicht unsensibel sein, die Ursache kann auch eine andere sein. Das Pferd kann zum Bei-

Das Pferd ist hier klar über dem Zügel, zu sehen ist dabei, daß das Pferd auch gleichzeitig nicht mehr an die Hand tritt, sondern mit dem linken Hinterfuß schon fast rückwärts schiebt. Wichtig ist hier, zunächst die Vorwärtstendenz, dann die Anlehnung wieder herzustellen.

spiel einen Schmerzzustand im Rücken dadurch betäuben, daß es sich auf das Gebiß lehnt und sich festbeißt. Sinnvoller Aufbau der Ausbildung und das richtige Zusammenspiel der Hilfen können zu verbessertem Gleichgewicht des Pferdes führen.

Die richtige Haltung des gesamten Körpers, insbesondere von Kopf und Hals, sind notwendig für die Erlangung des Gleichgewichts. In jeder Phase der Ausbildung des Pferdes ist es wichtig, Gangmaß und Haltung des Pferdes in Einklang zu bringen. Trai-

niert man die Haltung des Pferdes zu sehr, geht das fast immer zu Lasten von Takt und Schwung. Deshalb müssen Takt und Schwung vorherrschend sein. Eine bestimmte Haltung von Kopf und Hals ist zur Erlangung des Gleichgewichts aber notwendig. Sie ist die Voraussetzung, damit das Pferd in der Lage ist, das Reitergewicht bei größtmöglicher Beweglichkeit und Schonung zu tragen.

Die Höhe der Haltung von Kopf und Hals ist von Pferd zu Pferd verschieden. Je nach Exterieur muß man zunächst

Hier sieht man den klassischen Fehler: Das Pferd wird mit dem Zügel hinter die Senkrechte gezogen. Dadurch leidet der Schub der Hinterhand, das Pferd kann sich nicht selbst tragen lernen.

immer eine Haltung für das Pferd finden, in der es sich am ruhigsten und sichersten unter dem Reitergewicht vorwärts bewegen kann. Es erweist sich oft als sinnvoll, ein Pferd bei auftretenden Schwierigkeiten in der Versammlung sofort in diese Haltung zurückzubringen. Diese Grundhaltung des Pferdes kann je nach Exterieur und Veranlagung eher tief oder eher hoch sein. Sofern man sich in der Grundausbildung befindet und es noch nicht zu gesteigerter Versammlung kommt, sollte man diese natürliche Haltung des Pferdes beibehalten. Eine zu tiefe natürliche Haltung des Pferdes kann dabei die Versammlung erschweren; eine zu hohe Haltung kann Mängel in der Losgelassenheit des Rückens hervorrufen.

Die Haltung von Kopf und Hals ist weiterhin vom Tempo in den Grundgangarten abhängig. Die Haltung des Pferdes bezeichnet man in der fortgeschrittenen Ausbildung als relative Aufrichtung. Sie ist am höchsten in der höchsten Versammlung; die größte Dehnung erfolgt in den freien Gängen wie dem Starken Galopp. Die Fähigkeit des Pferdes, seine Haltung zu verändern, ist für das Dressurpferd von wichtiger Bedeutung. Insbesondere in der Schweren Klasse wird von der Dehnungshaltung im Starken Schritt bis hin zur höchsten Aufrichtung in der Piaffe jede relative Aufrichtung vom Pferd gefordert.

Hals als „Kraftarm", Rücken als „Lastarm"

Betrachtet man den Hals des Pferdes als Kraftarm und den Rücken des Pferdes als Lastarm, so ist klar, daß der Rücken des Pferdes am besten trägt, wenn der Hals des Pferdes vorwärts-abwärts gedehnt ist. Will man ein Pferd versammeln, so ergibt sich, daß man nur durch Aufrichten und Kürzermachen des Halses den Schwerpunkt vermehrt nach hinten verlagern kann. Für die Grundausbildung heißt dies für den Reiter, ein Pferd möglichst vermehrt in seiner natürlichen Haltung bis hin zur Dehnungshaltung zu arbeiten. Sind der Rücken und seine Muskulatur gekräftigt, kann man aus der natürlichen Haltung des Pferdes heraus eine relative Aufrichtung erarbeiten. Diese relative Aufrichtung ist nur dann richtig, wenn sie auch wirklich in Relation zum Grad der Hankenbeugung steht.

Die Haltung des Pferdes ist in jedem Fall auch vom Zweck abhängig. So darf man von einem Springpferd nicht die gleiche Aufrichtung verlangen wie von einem Dressurpferd. Die Eigenbewegung von Kopf und Hals, wie die Nickbewegung des Pferdes im Schritt, dürfen nicht unterbunden werden, sonst geht dies zu Lasten von Takt, Losgelassenheit und Raumgriff. Das Ziel ist in jedem Fall die Selbsthaltung des Pferdes, denn ein Pferd ist erst richtig ausgebildet, wenn es sich in jedem beliebigen Versammlungsgrad auch selbst trägt. Dazu ist es notwendig zu erkennen, daß der Hals nur dann stabil wird, wenn

Das Nachgeben der inneren Hand führt hier dazu, daß das Pferd sich im Genick stark verwirft. Der äußere Zügel müßte entsprechend mitgehen, um die Dehnung zuzulassen, ohne die Anlehnung aufzugeben.

man ihn möglichst ruhig hält und durch aktives Treiben die Muskulatur dauernd neu angespannt wird, damit der Oberhals sich entwickelt.

Völlig falsch ist es, den Hals durch übermäßige Handeinwirkung, besonders am Halsansatz, zu lockern. Der Halsansatz soll eher fest, das Genick eher locker sein. Denn entscheidend ist ja die Funktion des Halses als Balancierstange, die möglichst ruhig und konstant stehen muß. Die Stabilität ist oft erst im Lauf von Jahren erreichbar, aber von sinnvoller Arbeit an Hals und Genick abhängig. Dabei muß die Beweglichkeit des Halses zwischen Dehnungshaltung und Aufrichtung zwar gefördert werden, das seitliche Verbiegen des Halses an seinem Ansatz verhindert aber die Optimierung des Gleichgewichts und ist falsch. Neben den bekannten Übungen und Lektionen der bestehenden Reitlehre ist ein intervallartiger Wechsel von Dehnungshaltung und Aufrichtung kräftigend für die Oberhalsmuskulatur.

Insbesondere bei Anlehnung und Haltung kommt es sehr oft zu einer Vielzahl von Fehlern. Diese Fehler, die nachstehend noch beschrieben werden, haben neben ihren

Symptomen immer Auswirkungen auf den Gang des Pferdes, die Losgelassenheit und die Geraderichtung. Treten hier aber Fehler auf, so ist eine sinnvolle Versammlung des Pferdes nicht zu erreichen. Der allgemeine Hinweis auf die Korrektur von Anlehnungsfehlern besteht darin, zu versuchen, nicht an den Symptomen korrigieren zu wollen.

Richtiger ist es überwiegend, an den Ursachen der Fehler zu arbeiten. Arbeitet man nämlich an Takt, Losgelassenheit und Schwung, so werden häufig Fehler in der Anlehnung verschwinden. Der gravierendste Fehler dabei ist, durch plötzliche starke Handeinwirkung den Hals des Pferdes heraufzureißen. Dadurch wird die Muskulatur von Rücken und Hinterhand so verspannt, daß das Pferd lange braucht, um sich wieder lösen zu können. Abgesehen von dem entstehenden Mißtrauen des Pferdes können als weitere Folge Schäden an Muskulatur und Rücken auftreten, wenn dabei der Rücken nach unten durchdrückt.

Korrektur von Anlehnungsfehlern

Bei der Korrektur von Anlehnungsfehlern sollte man nicht an den Symptomen korrigieren. Richtiger ist es, an den Ursachen der Fehler zu arbeiten. Arbeitet man nämlich an Takt, Losgelassenheit und Schwung, so werden häufig Fehler in der Anlehnung verschwinden.

Verstellen im Genick und Verwerfen des Genicks: Der Fehler liegt oft im zu langen einseitigen Festhalten der Reiterhand. Handwechsel oder Umstellen des Pferdes sind Möglichkeiten, wenn das Nachgeben mit beiden Händen bei Verbesserung von Takt, Losgelassenheit und Schwung nicht ausreicht.

Bei den Punkten Stellung und Biegung, die im Kapitel *Geraderichtung* noch eingehend besprochen werden, ist grundsätzlich zu bedenken, daß die sinnvolle Anlehnung durch die Reiterhand erreicht sein muß, bevor die Haltung des Pferdes verändert wird. Haltung und Selbsthaltung müssen im jeweiligen Versammlungsgrad vorhanden sein, bevor man mit korrekter Stellung und Biegung des Pferdes beginnt. Bei einer sinnvollen Arbeit kann man diese Reihenfolge, speziell bei der Korrektur, nicht ändern.

Der „falsche Knick"

Der „falsche Knick" ist die Bezeichnung für das Nachgeben des Halses etwa im Bereich des dritten Halswirbels. Er entsteht, teilweise durch das Exterieur des Pferdes vorgegeben, durch zu starke Handeinwirkung, bei der das Pferd überwiegend hinter der Senkrechten gehen muß. Deutliches Nachgeben mit der Hand ist wichtig. Dies funktioniert nur im Zusammenhang mit dem Treiben.

Der „falsche Knick" ist die Bezeichnung für das Nachgeben des Halses etwa im Bereich des dritten Halswirbels. Er entsteht, teilweise durch das Exterieur des Pferdes vorgegeben, durch zu starke Handeinwirkung, bei der das Pferd überwiegend hinter der Senkrechten gehen muß. Deutliches Nachgeben mit der Hand ist wichtig. Dies funktioniert nur im Zusammenhang mit dem Treiben. Dabei führt falsches Treiben nur zum Eiligerwerden des Pferdes. Stattdessen muß man beim Nachgeben mit der Hand so treiben, daß das Pferd sich selbst

Zu tiefe Einstellung des Pferdes hinter die Senkrechte. Dadurch kommt das Pferd auf die Vorhand.

plötzlich so anspannt, daß der Kopf wieder deutlich vor die Senkrechte kommt. Dann allerdings muß man darauf achten, daß man nicht wieder festhält, sondern nur eine Anlehnung im klassischen Sinn herstellt. Dabei ist natürlich ein guter Balancesitz Voraussetzung. Oft beobachtet man auch dann noch ein falsches Umgehen mit der Hand. Wie in den Gedanken über die Einwirkung noch näher beschrieben, soll die Hand nicht permanent festhalten, sondern durch Annehmen und Nachgeben die Haltung des Pferdes verbessern.

Das „Nachgeben" ist kein durchhängender Zügel!

Ein ebenso großer Fehler ist das Durchhängenlassen insbesondere eines Zügels, wobei die andere Zügelhand oft zusätzlich zieht. Es kommt zu vermehrtem Widerstand des Pferdes und zum Verwerfen im Genick. Das Nachgeben darf nämlich nicht verwechselt werden mit dem Durchhängen der Zügel. Ein Reiten ohne Anlehnung ist immer falsch. Eine leichte Verbindung muß immer erhalten bleiben. Das „Überstreichen" ist lediglich anzuwenden, um die Selbsthaltung zu überprüfen. Ideal ist immer die leichte und beständige Verbindung zwischen Hand und Maul, bei der das Pferd, ohne Aufgabe seiner Selbsthaltung, dem jeweiligen Bewegungsablauf folgend in die Hand hineinfedert.

In modifizierter Form ist dieses Prinzip bei den meisten Haltungsfehlern angebracht. Eine exakte Korrektur ist nur durch den Ausbilder möglich, oft nur durch die Kombination von Reiten und Unterrichten.

XI. Schwung

*E*in schwungvolles Pferd wirkt stets behende, leichtfüßig und selbstsicher. Es zeigt die Leichtigkeit, mit der es das Reitergewicht tragen kann. Der Reiter kann bei der Ausführung der verschiedensten Lektionen angenehm und bequem sitzen. Man sagt, das Pferd geht mit Rücken. Das Gegenteil, der „Schenkelgänger", ist ein Pferd, das in der Bewegung den Rücken steif hält und nur seine Beine zur Fortbewegung benutzt.

Der Schwung ist die schwingende Tätigkeit des Rückens in Verbindung mit der Schubkraft der Hinterhand. Je mehr schwingende Tätigkeit des Rückens vorhanden ist, desto leichter fällt auch dem Pferd die Vorwärtsbewegung unter dem Reiter. Dabei sind die Rücken- und Lendenwirbelsäule mit deren Dornfortsätzen, sowie die statische und die dynamische Muskulatur gleichermaßen von Bedeutung. Je länger die Wirbelsäule ist,

Hier ist der Schub aus der Hinterhand bei schöner Bergauftendenz sehr gut erkennbar.

um so besser kann sie schwingen. Eine längere Wirbelsäule ist jedoch nicht mehr so tragfähig. Ist sie kürzer, kann sie weniger schwingen, wird aber um so tragfähiger. Die Dornfortsätze stehen bei den vordersten Rückenwirbeln rückwärts nach oben, in ihrem hinteren Teil vorwärts nach oben.

Befindet sich bei normaler Haltung des Pferdes die Wirbelsäule in Senklage, können die Dornfortsätze aneinanderstoßen. Dies verursacht dann Schmerzen und eine völlige

Auf diesem Foto sieht man sehr gut den notwendigen Grad an Versammlung und Bergauftendenz, aus der viel Schub entwickelt werden kann, ohne das Gleichgewicht zu gefährden.

Versteifung des Rückens. Deshalb ist die richtige Haltung von Kopf und Hals für den Rücken genauso wichtig wie die richtige Entwicklung seiner Muskulatur (vgl. *Kapitel Anlehnung*). Die statische Muskulatur hilft, bei richtiger Entwicklung, den Rücken zu tragen. Die dynamische Muskulatur, die langen Rückenmuskeln links und rechts der Wirbelsäule, bestehen aus Beugern und Streckern, die die Tätigkeit der Hinterhand in direkten Zusammenhang mit der Tätigkeit der Vorhand bringen (vgl. *Kapitel Sitz und Training*).

Die Voraussetzung für schwungvollen Gang sind Takt und Losgelassenheit. Nur wenn das Pferd gleichmäßig geht und die Muskulatur in der Lage ist, losgelassen zu arbeiten, kann man Beuger und Strecker der Rückenmuskulatur entwickeln und die Kraftübertragung zwischen Hinterhand und Vorhand verbessern. Durch Aktivieren der Hinterhand kann man den Schwung verbessern, wobei darauf zu achten ist, daß das Pferd nicht etwa eiliger oder schneller wird. Dadurch würde die Bewegung eher falsch und schwunglos, da der Zeitraum für eine schwingende Tätigkeit des Rückens zu kurz werden würde.

Stattdessen ist ruhiges Vorwärtsreiten mit ruhiger Frequenz, sowie das Sensibilisieren der Hinterhand richtiger. Dies muß eine deutliche Verbesserung der Schubkraft der Hinterhand zur Folge haben. Die Schubphase des Hinterbeins muß dabei deutlicher und energischer werden. Der Bewegungsablauf sieht dann so aus, daß bei abfußendem Hinterbein der gleichseitige Bauchmuskel, durch richtiges Treiben unterstützt, das Hinterbein vorzieht und dabei eine Rückenwölbung zustande kommt. Beim Auffußen dieses Hinterbeins setzt seine Schubphase ein.

Der Schub wird durch Zusammenziehen der Kruppenmuskulatur erreicht. Als Reflex wird gleichzeitig der lange Rückenmuskel zusammengezogen, der den Unterarm des Vorderbeins anhebt. Der Rücken wird in dieser Phase nach unten gewölbt. Der höchste Punkt der Wölbung des Rückens stimmt dabei mit dem höchsten Punkt der Schwebe überein, so wie der tiefste Punkt mit der Schubphase des Hinterbeins übereinstimmt.

Betrachtet man das Pferd von oben, sieht man, bedingt durch das wechselseitige Vortreten der Hinterbeine, auch eine Schwingung der Wirbelsäule nach links und rechts. Wird nämlich die eine Seite des Rückens durch Zusammenziehen hohl, wölbt sich die Gegenseite auf.

Das Zusammenspiel zwischen schwingender und tragender Wirbelsäule sowie der richtige Aufbau von Hinterhand- und Rückenmuskulatur ist also Voraussetzung für die Entwicklung eines schwungvollen Gangs (*vgl. Kapitel Sitz und Einwirkung*). Ist die Frequenz der Bewegung zu eilig, kann das Pferd nicht zum Schwingen kommen. Reitet man, sicher mit guter Absicht, viel zu viel vorwärts, kommt es nicht nur zu eiligem Gang, sondern auch zu Verspannungen im Rücken. Die Folge ist ein Stechtrab mit hohen Vorderbeinen und verspanntem Rücken, wie man ihn so oft bei jungen Auktionspferden sieht.

Die Verstärkungen

Die Verstärkungen dürfen erst dann gefordert werden, wenn das Pferd ein entsprechendes Maß an Gleichgewichtsempfinden und Versammlung beherrscht, denn nur daraus resultiert der vermehrte Raumgriff ohne Takt- und Schwungverlust.

Die Voraussetzung für einen entsprechenden Versammlungsgrad ist bei jungen Pferden überhaupt noch nicht vorhanden. Die Verstärkungen dürfen erst dann gefordert werden, wenn das Pferd ein entsprechendes Maß an Gleichgewichtsempfinden und Versammlung beherrscht, denn nur daraus resultiert der vermehrte Raumgriff ohne Takt- und Schwungverlust. Werden die Verstärkungen falsch, ohne versammelnde Vorbereitung und zu oft gefordert, führen sie in erheblich größerem Maße zum Verschleiß des Pferdes als es die Versammlung bewirken könnte.

Wird der Schwung verzögert, läuft die Vorwärtsbewegung nicht mehr flüssig ab. Durch diese Verzögerung im Gang kommt es zu Schwebetritten, die ihre Ursache in Verspannungen haben. Der Reiter kann deshalb nicht mehr gut sitzen. Er muß durch Treiben die Regelmäßigkeit und Frische des Gangs wiederherstellen, damit dessen spielerische Leichtigkeit wieder erreicht wird. Die Abstimmung zwischen Frequenz der Bewegung und optimaler Schwungentwicklung ist von Pferd zu Pferd verschieden. Sie richtet sich nach Exterieur, natürlichem Bewegungsablauf und Ausbildungsstand. Die individuelle Beurteilung des Pferdes, nicht nur in dieser Hinsicht, ist deshalb immer notwendig, um aus jedem Pferd das Optimale und noch Sinnvolle herauszuholen.

Ist es in der Grundausbildung noch relativ leicht, durch verschiedene Übungen, wie dem Zulegen und wieder Einfangen, den Schwung zu verbessern, so ist es in der Versammlung deutlich schwieriger. Wird durch die Versammlung der Gang nämlich kürzer, kommt es meist zu Schwungverlust. Darüber hinaus entstehen teilweise sogar Taktfehler in den Grundgangarten. Deshalb ist es notwendig, beim Verkürzen des Gangs vermehrt zu treiben, bis bei jeder Steigerung der Versammlung der Takt und der Schwung das optimale Maß erreicht haben.

XII. Geraderichten

Das Geraderichten ist eine der wichtigsten Tätigkeiten bei der Ausbildung des Pferdes. Um dieses Geraderichten näher zu beschreiben, muß insbesondere die natürlich vorhandene Schiefe des Pferdes eingehend besprochen werden. Diese Schiefe ist allen Wirbeltieren, insbesondere dem Pferd, angeboren. Durch das Reiten fällt diese Schiefe besonders auf. Denn das Gleichgewicht unter dem Reiter ist gestört, weil die Hinterhand des Pferdes nach der Seite ausweicht. Deshalb kann nur ein Hinterbein den Schwerpunkt unterstützen. So ist es dem Pferd nicht möglich, exakt in eine Richtung zu gehen, insbesondere in Wendungen. Der Rücken des Pferdes ist nach derselben Seite versteift und verspannt, dadurch kann man schlechter auf dem Pferd sitzen.

Die Merkmale für die natürliche Schiefe sind also der verspannte Rücken und die ausweichende Hinterhand des Pferdes. Die Ursache für die natürliche Schiefe des Pferdes ist die einseitig ausgeprägte Gehirnfunktion, die auch die Ursache für die Links- und Rechtshändigkeit beim Menschen ist. So hat auch das Pferd ein Hinterbein das besser arbeitet als das andere. Ebenso ist es mit dem Rücken, der sich auch besser in die eine Richtung

Die Längsbiegung des Pferdes und der fleißige innere Hinterfuß sind hier gut sichtbar. Das Gleichgewicht ist gegeben.

Der erste klassische Seitengang ist das Schulterherein. Hier wird es in guter Ausführung mit deutlich untertretendem Hinterfuß gezeigt. Bei Pferden von geringerem Ausbildungsstand wäre die Abstellung zu groß.

Das Travers, die zweite Möglichkeit ein Pferd im Seitengang zu gymnastizieren. Hier wird es bei guter Biegung und aktiver Hinterhand gezeigt. Auch hier ist die Abstellung etwas groß.

als in die andere biegen läßt. Bei genauerer Betrachtung stellt man fest, daß diese Erscheinungsformen immer mit dem mehr oder weniger angespannten psychischen Zustand des Pferdes zusammenhängen. Ist ein Pferd hochgradig verspannt, so ist es in der Regel auch deutlich schiefer in seinen Bewegungen. Unabhängig von der psychischen Verspannung brauchen die drei Grundgangarten ein unterschiedliches Maß an psychischer Anspannung. Ist das Pferd im Schritt noch locker und gerade, so wird es in der Regel im Trab eher schief. Im Galopp dann kommt es am deutlichsten zu schiefem Gang.

Insbesondere in dieser Gangart kommt es noch aus einem anderen Grund zu der natürlichen Schiefe: Beobachtet man die Phasen des Galopps, so stellt man fest, daß der äußere Hinterfuß und der innere Vorderfuß des Pferdes allein auffußen und dann jeweils das Gesamtgewicht tragen müssen. Da der Schwerpunkt nicht direkt unterstützt wird, ist es für das Pferd leichter, sich im Gleichgewicht fortzubewegen, wenn es so schief galoppiert, daß der äußere Hinterfuß und der innere Vorderfuß auf einer Linie mit dem Schwerpunkt liegen.

Allgemein wird ein Pferd immer zu derselben Seite schief, meistens nach rechts. Da sich Pferde auf beiden Seiten mit dem Hinterfuß am gleichseitigen Ohr kratzen können, kann man davon ausgehen, daß Pferde nicht wirklich körperlich steif sind, sondern nur versteifen, wenn sich vermehrt Spannung aufbaut. Der beste Tip für die Ausbildung ist daher, die Geraderichtung immer mit gleichzeitiger Beachtung der Losgelassenheit zu erarbeiten. Die gleichmäßige Ausbildung der Längsachse des Pferdes nach beiden Seiten ist die sinnvollste Arbeit mit dem Pferd, sofern sie von Anfang an betrieben wird. Jedes Pferd kann, bei korrekter Ausbildung, eine grundsätzliche Geraderichtung erreichen.

Es gibt nun eine Reihe von Gründen, warum der natürlichen Schiefe entgegengewirkt werden sollte. Fast alle Gründe liegen im physikalischen Bereich. Ist ein Pferd geradegerichtet, kann man es in beiden Richtungen schneller und leichter wenden, ohne daß es sich verspannt. Durch das Biegen der Längsachse des Pferdes kann man den Schwerpunkt nach innen verschieben und somit in den Wendungen der Zentrifugalkraft entgegen wirken. Dadurch wird der Rücken des Pferdes geschmeidig, er läßt den Reiter sitzen und kann bei beliebigem Richtungswechsel losgelassen bleiben. Durch die Losgelassenheit wird auch der Verschleiß erheblich reduziert. Die Geraderichtung ergibt eine verbesserte gleichmäßige Tätigkeit beider Hinterbeine.

Nur durch die gleichmäßige Biegung des Rückens in beide Richtungen ist es möglich, daß das jeweils innere Hinterbein auch unter den Schwerpunkt treten kann. Dies wiederum ist die notwendige Voraussetzung dafür, daß das Pferd unter dem Reitergewicht ins Gleichgewicht kommt. Ist das Pferd im Gleichgewicht, so kann es seinen Körper unter dem Reitergewicht besser kontrollieren, dadurch ergibt sich eine Geschicklichkeit, die es vor falschen Bewegungen und damit vor Schäden schützt.

Für die weitere Ausbildung des Pferdes ergibt sich eine Voraussetzung, die für die Versammlung von entscheidender Bedeutung ist:

Typisches Beispiel für ein nicht korrekt gestelltes Pferd. Dadurch kommt in der Wendung keine gleichmäßige Biegung zustande, der innere Hinterfuß müßte im Verhältnis zum äußeren Vorderfuß schon deutlich weiter vorn sein.

Richtiges Aufnehmen von Last in der Versammlung ist nur dann möglich, wenn beide Hinterbeine unter den Schwerpunkt treten. Vergleicht man ein Pferd einmal mit einem Balletttänzer, so weiß man, daß dieser als erste Lektion lernt, geradeaus zu gehen. Kann er dies auf einer Linie, so hat er schon ein hohes Maß an Gleichgewichtsgefühl und Körperbeherrschung erlernt.

Genau das soll auch das Pferd in der Arbeit lernen. Kommen Wendungen hinzu, so setzt sich die Arbeit in dieser Richtung fort. Folgen darüber hinaus Seitengänge, wird das Pferd geschmeidig und entwickelt eine gute seitliche Balance. Die Seitengänge haben noch zwei weitere wichtige Aufgaben im Zusammenhang mit dem Geraderichten. Zunächst wird dadurch die Schulterfreiheit vergrößert, die Beweglichkeit der Vorderbeine, auch seitlich, wird zwecks Balance verbessert. Der zweite Vorteil ist die Tatsache, daß im Seitengang der Huf nicht in seiner Längsachse, sondern diagonal abrollt. Dadurch wird auch die Beweglichkeit des Hufs verbessert. Dies kommt auch der Arbeit im Gelände zugute, weil sich dort im Gegensatz zum Dressurviereck eine abwechslungsreiche und oft unebene Bodenbeschaffenheit findet.

Der Sinn des Geraderichtens

- Das Geraderichten führt dazu, daß die Unterstützung des Schwerpunkts durch die Hinterbeine optimiert wird.

- Dies führt zu optimaler Kontrolle der Kraft des Pferdes, die Kraftvergeudung wird minimiert.

Will man den Sinn des Geraderichtens mit einem Satz beschreiben, so kann man sagen, daß das Geraderichten dazu führt, die Unterstützung des Schwerpunktes durch die beiden Hinterbeine zu optimieren. Das führt zu optimaler Kontrolle der Kraft des Pferdes, die Kraftvergeudung wird minimiert.

Beginnt man mit der Arbeit des Geraderichtens, ist es zunächst entscheidend zu verstehen, daß Pferde gar nicht unter den Schwerpunkt treten wollen, sondern aus begreiflichen Gründen versuchen auszuweichen. Die Gründe sind mangelnde Kraft, fehlendes Verstehen des Verlangten und die natürliche Schiefe, besonders, wenn sie ausgeprägt ist. Durch methodische Übung und Training muß die Geraderichtung verbessert werden. Dabei sollte man wissen, daß die natürliche Schiefe permanent „bearbeitet" werden muß, da man sie nicht abstellen kann. Eine ganze Reihe von Übungen - von der einfachen Schlangenlinie über das Verkleinern und Vergrößern des Zirkels bis hin zu den Seitengängen - sind bekannt und stehen in den Lehrbüchern.

Wichtig ist bei allem immer die richtige Einwirkung des Reiters auf sein Pferd. Das Erziehen des Pferdes, was seine Reaktion auf die Hilfen angeht, steht dabei im Vordergrund. Da das Pferd zu Beginn der Ausbildung nicht gern unter den Schwerpunkt tritt, kann man nicht erwarten, daß es auf Gewichtshilfen reagiert. Deshalb stehen beim Geraderichten neben der jeweils richtigen Gewichtsverlagerung, besonders die Zügel- und die Schenkelhilfen im Vordergrund, bis das Pferd den Zusammenhang erkennt und später leicht auf die Gewichtshilfen eingeht. Dabei sind Grundübungen wie das Schenkelweichen am Anfang von sinnvoller erzieherischer Bedeutung, sofern sie im Schritt geübt werden.

Jede dieser und der folgenden Übungen bis hin zu den Seitengängen hat den Vorteil, daß man speziell eine Seite des Pferdes intensiv trainieren kann.

Bei aller einseitigen Gymnastizierung des Pferdes ist die korrekte Genickstellung eine wichtige Voraussetzung für das Gelingen. Sie entsteht aus einer seitlichen Biegung des Genicks im Dreher, dem zweiten Wirbel des Halses. Man unterscheidet dabei eine Stellung nach links, nach rechts und geradeaus. Ist ein Pferd nach der Seite gestellt, so kann man das linke Auge und den linken Nüsternrand schimmern sehen. Die Ganasche wird nach innen hohl, der Kopf bleibt aber senkrecht und in der relativen Aufrichtung. Man sieht dies als Reiter, wenn das Nackenband über dem dritten Halswirbel nach innen überspringt. Der Mähnenkamm fällt auf die innere Seite.

Das Geraderichten

Erreicht man in der Arbeit eine sinnvolle Stellung im Genick, ist die wichtigste Voraussetzung für das Geraderichten gegeben.

Nur wenn das Nackenband nach innen überspringt, ist die Voraussetzung gegeben, daß sich das Pferd auf der inneren Seite hohl machen kann. Dabei ist die Stellung nach der Seite relativ sicher und leicht zu erhalten, während die Geradeausstellung für Reiter und Pferd, insbesondere zu Beginn der Ausbildung, sehr schwer zu erhalten sind. Die Stellung ist eine absolut notwendige Voraussetzung für jegliche Biegung. Sie darf aber nicht mit der Halsbiegung verwechselt werden. Nur wenn die Biegung der Längsachse erreicht wird, kann das innere Hinterbein vermehrt unter den Schwerpunkt treten.

Die deutliche Stellung ist in der ganzen Arbeit des Pferdes eine wichtige Hilfe. Geht ein Pferd in der Natur nur über die äußere Schulter in eine Wendung, dann kann man ein Pferd auch bei der Arbeit in der Bahn auf diese Stellung des Genicks hin ausbilden und kontrollieren. Stellt man nämlich ein Pferd nach innen, so kann es kaum nach innen ausweichen und geht geradeaus entlang des Hufschlags. Insbesondere wenn ein Pferd scheut, versucht es, in die Bahn zu laufen und kehrtzumachen. Dabei kommt dem Reiter die Stellung im Zusammenhang mit energischem Vorwärtstreiben zugute. Besonders bei den Paraden erzielt man eine deutliche Wirkung, wenn man bei

Die Längsbiegung

Nur eine Rippenbiegung, sowie die Biegung der Lendenwirbelsäule, bei der das Pferd auf der Innenseite hohl und auf der Außenseite gedehnt ist, führt zur korrekten Längsbiegung des Pferdes.

gestelltem Genick den jeweils äußeren Zügel zum Parieren nimmt. Die Einwirkung wird größer.

Erreicht man in der Arbeit eine sinnvolle Stellung im Genick, ist die wichtigste Voraussetzung für das Geraderichten gegeben. Es kommt nunmehr zu der ersten Form von Geraderichten. Dabei soll das auf einem Hufschlag gehende Pferd lernen, sich mit seiner Längsachse jeder beliebigen Hufschlagfigur anzupassen, egal ob diese gerade oder gebo-

gen ist. Das heißt, die Längsachse des Pferdes soll sich jeder Hufschlagfigur anpassen, wobei die Hinterbeine in die Spur der Vorderbeine treten sollen. Insbesondere in den Wendungen sollen beide Hinterbeine gleich weit nach vorne durchtreten. Diese grundsätzliche Form von Geraderichtung ist für jedes Pferd erreichbar und für jeden Reiter anzustreben.

Sicheres Geradeausgehen und gleichmäßiges Wenden nach beiden Seiten ohne Verspannung sind für jedes Pferd wichtig. Denn einseitige Verspannung führt zu einseitigem Verschleiß und einseitiger Überlastung. Bei der Längsbiegung des Pferdes ist zu beachten, daß sich diese gleichmäßig durch die ganze Längsachse ziehen muß. Da der Rücken des Pferdes nur bedingt biegsam ist, beobachtet man oft zu viel Halsbiegung, insbesondere am Halsansatz. Dies führt zu einem Ausweichen des Pferdes über die äußere Schulter, die Geraderichtung ist dabei verlorengegangen.

Nur eine Rippenbiegung und die Biegung der Lendenwirbelsäule, bei der das Pferd auf der Innenseite hohl und auf der Außenseite gedehnt ist, führt zur korrekten Längsbiegung des Pferdes. Diese Arbeit an der Längsachse des Pferdes, die sich auf den Rücken bezieht, ist wichtig und langfristig anzulegen. Der häufige Wechsel der Biegung, bei der eine Seite des Rückens einmal hohl und einmal gedehnt ist, führt am ehesten zum Ziel. Die tägliche Gymnastizierung ist die Voraussetzung für den Erhalt der Geschmeidigkeit.

Man muß sich darüber klar sein, daß es eine Reihe von Schwierigkeiten gibt, die eine brauchbare Längsbiegung des Pferdes verhindern können. Ist ein Pferd zu kurz in seinem Mittelstück, so biegt es sich weniger gern als das im Mittelstück längere Pferd. Ist ein Pferd einmal verdorben, können oft psychische Gründe vorliegen, die einen groben Widerstand hervorrufen. Kommt dann noch ein einseitig festes Maul des Pferdes hinzu, so kann die Arbeit an der Geraderichtung erheblich erschwert sein.

Die einfühlsame Arbeit an der Losgelassenheit ist hier fast wichtiger als die konkrete Arbeit an der Geraderichtung des Pferdes. Nur in guten Momenten ist dann der Versuch sinnvoll, die Geraderichtung wieder zu verbessern. Dagegen muß man eine Sturheit des Pferdes bei der Geraderichtung durch konsequentes Training abstellen. Die Fehler im speziellen Fall können nur durch den versierten Ausbilder festgestellt werden. Nur in der Praxis können exakte Korrekturen gegeben werden.

Um Fehlern vorzubeugen, ist die beste Richtlinie immer das gleichmäßige Training des Pferdes auf beiden Seiten. Dies zieht sich während der gesamten Arbeit vom Anlongieren bis zur Bearbeitung von Lektionen wie ein roter Faden durch die Ausbildung.

XIII. Versammlung

Das Pferd bei seinen ersten halben Tritten, mit sehr aktivem Hinterbein und schon guter Aufrichtung. Die Losgelassenheit ist noch nicht voll erreicht.

Die Versammlung ist nun das höchste Ziel in der Grundausbildung des Pferdes. Sie ist nicht mit einem Begriff zu erklären, sondern nur durch viele kleine Anhaltspunkte zu beschreiben, die zusammen eine Skizze des Themas „Versammlung" ergeben. Wichtigster Teil der Versammlung ist das Gleichgewicht, welches das Pferd durch seine Ausbildung beherrschen lernen soll. Erst wenn das Pferd über die anderen Ausbildungsziele hinaus gelernt hat, alle Gliedmaßen richtig zu gebrauchen, das Auf- und Abfußen zu koordinieren, dabei die Richtung und das Tempo innerhalb einer Gangart beliebig zu verändern, kann man von einem Pferd sprechen, das sich im Gleichgewicht befindet.

Dies sollte das klassische Ziel der Grundausbildung sein. Das Pferd ist dadurch in der Lage, sich selbst zu schützen, das Reitergewicht entsprechend Tempo und Richtung sicher auf alle vier Beine zu verteilen und dadurch Schäden weitgehend zu vermeiden. Wenn Pferde in der Praxis von Anfang an sinnvoll ausgebildet werden, erreichen sie auch im intensiven Turniersport oft ein beachtliches Alter, denn sie haben rechtzeitig gelernt, im Gleichgewicht zu gehen.

Die darüber hinaus gesteigerte Versammlung des Dressurpferdes wirkt sich noch mehr auf seine Haltung und seine Gangqualität aus. Entwickelt wird die Tragkraft der Hinterhand sowie deren Federkraft. Aus einem laufenden Gang entwickelt sich ein federnder Gang. Die richtige Entwicklung der Rückenmuskulatur spielt ebenfalls eine große Rolle. Das Pferd lernt durch Ausbildung und Training die „Feder" innerhalb einer Gangart, Trab oder Galopp, permanent zu erhalten, ohne Takt und Losgelassenheit zu verlieren.

Eine Verzögerung der Bewegung darf nicht erfolgen. Das wären dann Spanntritte. Der Reiter muß die Federung permanent im Gesäß und im Rücken fühlen und erhalten. Gleichzeitig richten sich Kopf und Hals des Pferdes mehr auf, verkürzen sich und geben dem Reiter das Gefühl einer ruhigen Balancierstange. Die Fähigkeit der Hanken, sich zu beugen, wird verbessert, die Energie konzentriert sich in der Hinterhand. Der Reiter bekommt das Gefühl, daß die Energie der Hinterhand beliebig verfügbar ist. Der Gang des Pferdes erhält Erhabenheit und Leichtigkeit. Dieser Gang ist kaum hörbar. Der Vergleich zum Balletttänzer wird möglich. Das Pferd soll dabei nicht permanent in der Versammlung gehen, sondern in der Lage sein, stufenlos jeden beliebigen Versammlungsgrad anzunehmen, wenn dieser gefordert wird. Das Pferd lernt, seinen Schwerpunkt beliebig zu verlagern. Es kann ein Gang entstehen, mit dem das Pferd spielerisch zurechtkommt. Als größtmögliche Steigerung zeigt das Pferd kadenzierte Bewegungen.

Die Kadenz ist dabei der Begriff für den optimalen Bewegungsablauf eines Pferdes. Alle an der Bewegung beteiligten Körperteile, insbesondere aber die Beine, verteilen den Arbeitsaufwand so, daß alle Gelenke ein sinnvolles und gleichmäßiges Maß an Beweglichkeit erreichen. Es entsteht Anmut und Ausdruck in der Bewegung. Natürlich ist die Kadenz überwiegend auch vom Pferd individuell abhängig. Ein Pferd mit extremer Knieaktion oder ein Pferd mit gerader Bewegung, mit viel oder wenig Winkelung der Hinterbeine wird jeweils das Maß möglicher Kadenz nur selbst bestimmen.

Eine Verbesserung des Schwungs ist aber bei jedem Pferd möglich. Es steht auch fest, daß der Geschmack bei der Beurteilung des Gangs verschieden ist. So mögen manche den geraden Gang mehr als eine höhere Aktion der Vorderbeine. Auch der Typ des Pferdes spielt dabei eine Rolle. Dem schönen Pferd traut man mehr Kadenz zu als dem „nur" korrekten Pferd.

Entscheidend ist die Beurteilung der schwingenden Tätigkeit des Rückens sowie - als Voraussetzung - daß nicht ein spezielles Gelenk extrem beansprucht wird. Deutliche Mängel im Exterieur führen oft dazu, daß nur das Gleichgewicht hergestellt werden kann, aber kein erhabener und kadenzierter Gang. Hier gilt es, bei der Auswahl eines Pferdes Mängel zu erkennen und festzustellen, wieviele Möglichkeiten Exterieur und Bewegungen für die anspruchsvolle Ausbildung bieten. Im krampfhaften Versuch, deutliche Mängel zu beseitigen, liegt oft auch der Grund für den Verschleiß eines Pferdes.

Hat man gute Voraussetzungen, so läßt sich die Steigerung der Versammlung auf einer dritte Stufe relativ leicht erreichen. Es sind dies die klassischen Lektionen der Hohen Schule: Piaffe, Passage und Pi-

Wird die Versammlung zu schnell gefördert, stößt man beim Pferd auf Unverständnis und Verspannung.

rouetten. Zwar lassen sich diese Lektionen so manchem Pferd technisch beibringen, der Ausdruck und die Ausdruckskraft läßt sich aber nur gering beeinflussen. Es ist fast immer der Ausdruck, der sich aus den natürlichen Möglichkeiten eines Pferdes, wie Exterieur, Bewegung, psychischen Voraussetzungen, Kraft und Intelligenz ergibt.

Nur bei diesen Lektionen kommt es zu einer sehr deutlich werdenden Versammlung. Die relative Aufrichtung erreicht ihr höchstmögliches Maß, die Hankenbeugung ebenso. Das Pferd bleibt während dieser Lektionen in der entsprechenden Hankenbeugung, ohne Takt, Losgelassenheit und Schwung zu verlieren. Die Versammlung ist eine Folge der richtigen Arbeit an den Teilzielen Takt, Losgelassenheit, Anlehnung, Schwung und Geraderichtung. Sie ist in der ersten Stufe im Prinzip eine Folge der ersten fünf Ausbildungsziele. Das Pferd lernt, sich vermehrt aufzurichten, es wird kürzer, es lernt, die Hanke vermehrt zu beugen, die Tritte, Schritte und Sprünge werden kürzer und erhabener.

Der innere Hinterfuß steht auf der Erde und wird in diesem Moment deutlich sichtbar von der Reiterin pariert, um zu besserer Hankenbiegung beim Auffußen zu gelangen.

Wie wirkt man nun auf das Pferd ein, um einen sinnvollen Versammlungsgrad zu erreichen? Zuerst muß gesagt werden, daß es für jeden Reiter wichtig ist, auf einem ausgebildeten Pferd zu spüren, wie sich der gute Bewegungsablauf überhaupt anfühlt. Nur so kann man als Ausbilder dem Schüler vermitteln wiedas Ziel der Arbeit aussieht. Sind die Möglichkeiten nicht gegeben, gibt es andere Merkmale, an denen der Reiter ablesen kann, ob er bei der Ausbildung seines Pferdes auf dem richtigen Weg ist. Ein Merkmal ist der Raumgriff in den Grundgangarten. Es sollten die Hinterhufe etwa kurz hinter dem Abdruck der Vorderhufe auffußen. Dies gilt nicht als absolutes Maß, sondern kann nur durch den Ausbilder richtig beurteilt werden. Wichtig dabei ist immer die Erhaltung des Schwungs.

Ein weiteres Merkmal ist das richtige Tempo. Das versammelte Tempo ist hergestellt, wenn man aus dem richtigen Tempo sofort das Halten, kleine Volten oder Verstärkungen entwickeln kann. Je unmittelbarer dies zu erreichen ist, desto präziser ist das Tempo in der Vorbereitung gewesen. Dabei ist wichtig, daß man das Pferd immer aufmerksam erhält, so daß unmittelbare Reaktionen des Pferdes möglich sind. Langsames Reiten ist falsch, weil man das Pferd dadurch nicht in einen Bereitschaftsgrad bekommt, der die Reaktionen ermöglicht. Das zu schnelle Reiten würde ein spontanes Parieren oder Wenden physikalisch unmöglich machen.

Eine Reihe von Lektionen helfen, das Pferd zu versammeln. Zu ihnen gehören sämtliche Übergänge, Zulegen und Einfangen, Rückwärtsrichten und die Hinterhandwendungen. Bei allen Übungen und Lektionen kommt es aber immer auf das richtige Einwirken an. Das richtige Treiben und Parieren des Pferdes und die verwahrenden Hilfen spielen eine ganz entscheidende Rolle. Die verwahrenden Hilfen sind dabei nicht zu unterschätzen. Dies bedeutet, daß man sein Pferd in der Vorbereitung zu gesteigerter Versammlung mit beiden Schenkeln geradegerichtet hält, beziehungsweise während des Versammelns die Geraderichtung unbedingt erhalten muß. Durch elastische Zügelführung erhält man gleichzeitig, neben der Geraderichtung der Vorhand, auch eine sinnvolle Haltung von Kopf und Hals.

Kommt das Pferd während des Versammelns aus seiner Haltung, so ist eine Einwirkung auf das Hinterbein nicht möglich. Für diese Einwirkung auf das Hinterbein gibt es zwei Möglichkeiten, die aber zusammen und ergänzend zu sehen sind. Die Einwirkungsmöglichkeiten sind das Treiben und das Parieren. Das Treiben ist der allerwichtigste Bestandteil beim Versammeln. Wichtigste Erkenntnis ist die Tatsache, daß man nur das Hinterbein vortreiben kann, welches gerade entlastet wird und sowieso im Begriff ist vorzutreten.

Das Treiben kann deshalb immer nur einseitig erfolgen, muß durch den gleichseitigen Schenkel im richtigen Moment erfolgen und eine deutlich sichtbare und spürbare Reaktion hervorrufen, ohne das Pferd zu verspannen. Deshalb ist, je nach Sensibilität und Ausbildungsstand des Pferdes, die richtige Dosierung wichtig.

Hier wird das sichere Hergeben von Genick und Rücken während der deutlichen Versammlung gut sichtbar. Die Rücken-Entlastung durch den Reiter macht es dem Pferd leichter, seinen Rücken in lockerer Tätigkeit zu halten. Dies erleichtert den Vortritt des Hinterbeins.

Nur so kommt es zu energischem Treten und Schieben, verbunden mit einer richtigen Muskelanspannung, die durch den ganzen Körper gehen soll. Deshalb sind das richtige Maß und der richtige Moment von entscheidender Bedeutung.

Es gibt Pferde, da reicht ein Schenkeldruck oder Sporenstich aus, bei anderen muß man mehrfach im richtigen Moment einwirken, um eine sinnvolle Reaktion zu erreichen. Durch das Treiben wird das Hinterbein tätig, schiebt und tritt weiter unter den Schwerpunkt. Dieses „weiter unter den Schwerpunkt treten" ist die wichtigste Voraussetzung für das Parieren des Pferdes, die halbe Parade. Diese halben Paraden sind die zweite Einwirkung auf das Hinterbein. Mit ihr wird die Schubkraft in Tragkraft umgearbeitet, die Han-

115

ke wird gebeugt, dabei komprimiert sie den Schub und gibt diesen umgewandelt als Trag- und Federkraft wieder ab. Dabei geht die Wirkung nicht so sehr nach vorn sondern mehr nach oben. Wichtig ist die Voraussetzung, daß das Hinterbein möglichst weit unter den Schwerpunkt kommen muß, damit das Pferd diesen so unterstützt, daß es immer im Gleichgewicht bleiben kann. Als zweite Voraussetzung gilt, daß man nur das Hinterbein parieren kann, welches gerade auffußt. Je weiter vorn es auffußt, desto schräger stellt es sich gegen die Bewegungsrichtung. In dieser Situation kann man am meisten erreichen - den Schub begrenzen, die Hanke ähnlich einer Kniebeuge absenken und währenddessen das Hinterbein länger auf dem Boden halten.

Wichtige Punkte beim Parieren

- Das Parieren und Gegenhalten kann nur so lange erfolgen, so lange das jeweilige Hinterbein auf der Erde steht, also nur einen relativ kurzen Moment, der aber verlängert werden soll.

- Der nachfolgende Vortritt des Hinterbeins darf nie durch die Hand behindert werden.

- Haltung und Geraderichtung dürfen, etwa durch mangelnde verwahrende Hilfen, nie außer acht gelassen werden.

- Paraden sind je nach Ausbildungsstand in entsprechend notwendiger Anzahl zu wiederholen. Sie müssen deutlich sichtbare und spürbare Reaktionen hervorrufen, welche vom Pferd verschieden stark zu fordern sind.

Voraussetzung für das richtige Parieren ist aus vorgenannten Gründen das Treiben. Die Parade wird nun, je nach Sensibilität und Ausbildungsstand, durch Hand- und Kreuzeinwirkungen erreicht, indem man beim Auffußen des jeweiligen Hinterbeins den gleichseitigen Zügel gegen das Andrücken des Kreuzes hält oder ihn sogar annimmt. Durch die Erfahrung lernt der Reiter das Treiben und Parieren des Pferdes, je nach Erfordernis, geschickt abzuwechseln. Bei allen Paraden ist der Rücken des Pferdes von entscheidender Bedeutung, da er die Wirkung der Parade von vorn nach hinten durchlassen muß. Die richtige Haltung des Pferdes und das tätige Hinterbein unter dem Schwerpunkt sind notwendige Voraussetzungen für die Gesunderhaltung des Rückens.

Eine zu hohe Aufrichtung sperrt bei der Parade den Rücken. Bei zu tiefer Haltung wirkt die Parade gar nicht auf die Hinterhand. Ein sich schnell verspannender Rücken muß immer erst locker geritten werden bevor man ihn als Brücke zur Einwirkung auf die Hinterhand benutzt. Die negativen Folgen von zu starker Kreuzeinwirkung auf den Rücken des Pferdes sind nur allzu bekannt. Macht der Rücken des Pferdes nicht mehr oder noch nicht mit, ist seine Kräftigung das Allerwichtigste, bevor eine Einwirkung auf die Hinterbeine angestrebt werden kann. Treiben hat insofern fast keine negativen Folgen für den Rücken.

So ist es für den Ausbilder von entscheidender Bedeutung, wann, wie lange, wie oft und zu welchem Zeitpunkt eine Versammlung richtig ist. Das Wissen um die effektivste Einwirkung, die man dann weniger oft einsetzen muß und das angemessene Trainingsverhalten des Ausbilders sind Voraussetzungen für eine positive und langfristig richtige Entwicklung des Pferdes.

XIV. Schlußbemerkung

Die Idee zu diesem Buch entstand durch die Feststellung, daß fast kein bekannter Berufsausbilder seinen Erfahrungsschatz und sein Wissen niedergeschrieben hat. Dies ist meiner Meinung nach schade und auch falsch, und so habe ich versucht, mein bisher erfahrenes Wissen in Worte zu fassen. Wichtig war mir dabei, daß sich der Text leicht lesen läßt und möglichst plastisch beschreibt, auf welche Dinge man bei der Grundausbildung von Pferden Wert legen muß.

Die Klassische Reitkunst, zu der es für mich keine logische Alternative gibt, sollte dabei richtig interpretiert werden. Aus den ersten Versuchen entstanden - besonders mit dem Vater - fruchtbare Diskussionen und mit der Gattin die Qual der Wort-Wahl.

Nachdem der fertige Text einige Zeit in der Schublade lag, ergab es sich, daß während einer Diskussion unter Turnierfachleuten das Thema der richtigen und sinnvollen Ausbildung von Pferden auf den Tisch kam. Bei dieser Gelegenheit gab ich den Text einigen Fachleuten, darunter auch Hermann Kombächer, Vorsitzender der Landeskommission Hessen. Auch als Turnierrichter immer zuerst an der guten Grundausbildung von Reiter und Pferd interessiert, ermunterte er mich, den Text zu veröffentlichen.

Dieses Buch ist dann richtig verstanden, wenn dem Leser klar wird, daß nur die Klassische Reitkunst in ihrer erlaubten Vielfalt der richtige Weg für Reiter und Pferd ist. Nur die Klassische Reitkunst berücksichtigt, wenn sie richtig verstanden wird, alle auf das Pferd anwendbaren natürlichen Gesetze. Andere angebotene Wege der Ausbildung sind falsch, basieren auf kurzfristig angelegter Effekthascherei oder wollen dem Reiter und Ausbilder einen möglichst bequemen Weg der „Ausbildung" zeigen, der aber unter dem Strich keine positive Veränderung, keine Gymnastizierung des Pferdes bewirkt.

Der Turniersport ist dabei eine schöne Art und Weise, um den jeweiligen Ausbildungsstand des Pferdes zu überprüfen. Der Maßstab für die Klassische Reitkunst sollte aber nicht durch Erfolge im Turniersport bestimmt sein. Er ist vielmehr dort zu finden, wo es dem Reiter darauf ankommt, mit Verstand und Liebe zu seinem Pferd eine fortwährende Verbesserung der Harmonie zu erreichen. Nur der Horseman, dem es in erster Linie darauf ankommt, wird langfristig echte Genugtuung und Freude am Pferd empfinden.

Der materielle Wert eines Pferdes spielt für das Tier selbst keine Rolle. Denn jedes Pferd, ob teures Rassetier mit Turniererfolgen, Pony oder Freizeitpferd, das Menschen glücklich macht, ohne Schleifen zu erringen, hat Anspruch auf die Achtung und den Respekt des Reiters. Jedes Pferd kann erkranken und braucht gute Pflege, Haltung und Zuwendung. Jedes Pferd hat das Recht, im Gebrauch stehend alt zu werden und irgendwann aus Respekt vor seiner Leistung sein Gnadenbrot zu erhalten.

Denn egal, welche Leistung das Pferd auch erbracht hat, es hat diese Leistung nie für sich selbst erbracht, sondern immer nur für seinen Reiter. Es ist dem Pferd auch egal, ob es in einer Prüfung gewinnt oder nicht. Wenn es sich besonders anstrengt, dann immer nur, weil wir es in jeder Weise gut behandeln. Das Pferd, das seinem Reiter darüber hinaus voll vertrauen kann, wird sich motivieren lassen, auch absolute Höchstleistungen zu vollbringen. Aber das Pferd tut das immer nur für seinen Reiter, nie für sich.

Ich hoffe, daß dieses Buch auch unter diesen Aspekten der Klassischen Reitkunst gelesen wird und somit positiv auf die Entwicklung des Reitsports wirkt.

Danksagung

Mein besonderer Dank geht an die Ausbilder, die meinen eigenen Werdegang prägten. Sie gaben mir die richtige theoretische und praktische Grundlage. Diese Grundlage hat mir geholfen, in Verbindung mit den selbst gemachten Erfahrungen zu erkennen, daß die Klassische Reitkunst der einzig richtige Weg für die Ausbildung von Reitpferden ist.

Meinen Weg bestimmten

- mein Vater und Vorbild Otto Pläge, staatlich geprüfter Reitlehrer
- Hans-Heinrich Brinckmann, seinerzeit Bundestrainer Springen am DOKR
- Hauke Schmidt, seinerzeit Trainer Springen am DOKR
- H. D. Donner, ehemaliger Referent Ausbildung bei der FN
- Professor Kurt Albrecht, ehemaliger Leiter der Spanischen Hofreitschule Wien
- Willi Schultheis, seinerzeit Bundestrainer Dressur am DOKR
- Siegfried Peilicke, Bundestrainer Dressur am DOKR

Abschließend erwähnen möchte ich auch die Pferde, die derzeit bei uns in Ausbildung sind. Sie haben geduldig für die meisten der in diesem Buch zur Veranschaulichung gezeigten Bilder Modell gestanden. Dies sind:

- Noble Boy, brauner Oldenburger Wallach v. Noble Roi xx-Inschallah x
- Showmaster, brauner Trakehner Hengst v. Kostolany-Ibikus
- Pascal, Hannoveraner Wallach v. Pik Bube-Absatz
- Balou, Hannoveraner Fuchswallach v. Bolero-Wettstreit
- Paquirri, dunkelbrauner Oldenburger Hengst v. Pik Bube-Weltmeister
- Kavalier, dunkelbrauner Trakehner Wallach v. Sokrates-Mahagoni
- Gin Fizz, Hannoveraner Fuchswallach v. Genever-Lugan

Ich hoffe, es hat Ihnen genausoviel Freude gemacht, dieses Buch zu lesen, wie mir, es zu schreiben. Viel Erfolg im Sattel und viel Spaß mit Ihren Pferden wünscht Ihnen

Ihr Christian Pläge

Über den Autor

Schon Christian Pläge, der Ur-Ur-Großvater des Autors, war Berufsreiter. Als Postillion und Meldereiter hatte er alljährlich die ehrenvolle Aufgabe, Kaiser Wilhelm I. als Fahrer zur Jagd in die Lüneburger Heide zu begleiten. Der Vater, Otto Pläge, staatlich geprüfter Reitlehrer, legte die Grundlagen der Reiterei in allen Disziplinen, sowohl für den Autor als auch für dessen Bruder Adrian Pläge, heute ebenfalls Berufsreitlehrer und erfolgreicher Springreiter.

Christian Pläge mit seinem Bruder Adrian.

Die reiterliche Laufbahn von Christian Pläge begann im Alter von 14 Jahren im Vielseitigkeitssport. Von 1970 bis 1976 erlangte er hier Plazierungen bis einschließlich Klasse S. Ab Herbst 1977 folgte ein halbes Jahr Ausbildung im Springstall des Deutschen Olympiade-Komitees für Reiterei (DOKR) in Warendorf unter der Leitung von Hauke Schmidt und Hans-Heinrich Brinckmann, dem damaligen Bundestrainer Springen. Nach der Bereiterprüfung im Mai 1978 folgte der erste Aufenthalt an der Spanischen Hofreitschule Wien unter der Leitung von Brigadier Professor Kurt Albrecht. Ab Ende 1978 arbeitete Christian Pläge als Bereiter an der Deutschen Reitschule in Warendorf. Nach dieser Zeit spezialisierte er sich auf das Dressurreiten.

Ab Januar 1978 erhielt Christian Pläge durch die Deutsche Reiterliche Vereinigung (FN) in Warendorf eine umfassende Weiterbildung. Ein zweiter Aufenthalt an der Spanischen Hofreitschule Wien sowie ein Jahr Ausbildung bei Willi Schultheis und Siegfried Peilicke rundeten diese Ausbildung ab. Es folgte die Weiterbildung zum Fahrwart, Voltigierwart, Parcoursbauer und Turnierrichter. Zwischenzeitlich erteilte Christian Pläge Dressurunterricht in den USA und in Australien. Die Meisterprüfung Ende 1981 beendete dieses Förderprogramm und schloß damit eine sehr weit gefächerte Ausbildung ab.

Seit 1984 ist Christian Pläge selbständig und betreibt heute gemeinsam mit seiner Frau Britta einen Dressurausbildungsstall in der Nähe von Wetzlar/Hessen. Darüber hinaus gibt Christian Pläge Lehrgänge im In- und Ausland. Neben eigener Turnierteilnahme mit Erfolgen bis einschließlich Grand Prix bildet Christian Pläge erfolgreich Reiter und Pferde aus. 1995 wurde er in Langen Hessischer Champion der Berufsreiter. Christian Pläge versucht, neben dem sportlichen Fortkommen auch Achtung vor der Kreatur, Freude am Pferd und Spaß an der Arbeit mit dem Pferd zu vermitteln.